AF229183

# PETITE REVUE.

# PETITE REVUE,

PAR M. ***,

CHEVALIER DE SAINT-LOUIS,

CULTIVATEUR, MEMBRE DU GRAND COLLÉGE DU DÉPARTEMENT DE L'AISNE.

....... Hanc aspice gentem
Romanosque tuos. . . . . .

## PARIS.

IMPRIMERIE ANTHELME BOUCHER,
RUE DES BONS-ENFANS, N°. 34.

1823.

# OBSERVATIONS PRÉLIMINAIRES.

Il y a près de deux mois que cet écrit est composé; je n'y change rien. Quelques personnes prétendaient que notre situation allait s'améliorer, il en est autrement, comme tout le monde le voit aujonrd'hui. Le parti révolutionnaire prend de nouvelles forces, et sa fureur augmente avec l'accroissement de sa puissance. Que fera ma faible voix? Elle ne ralentira probablement pas la marche des libéraux que je fais un peu connaître. Mais si l'expérience que j'ai des hommes et des choses, peut ouvrir les yeux à quelques personnes influentes qui s'abusent encore sur notre position, et se laissent entraîner par une faction habile et entreprenante, j'aurai atteint mon but en publiant cet écrit.

L'homme dont il faut le plus se garder, l'homme le plus déplorable de notre époque, est cet ambitieux à courte vue, ce rhéteur sans idées politiques, qui se fait un jeu de ranimer les passions populaires pour s'élever jusqu'au trône, et arracher, en quelque sorte, à notre Roi, les rênes du gouvernement. Cet homme qu'on ne saurait mieux caractériser qu'en l'appellant le nouveau *Pétion*, se présente lui-même dans le journal qu'il dirige (1) comme le *palladium* de nos libertés, comme une colonne indispensable au soutien de nos institutions. L'ambassade de Rome lui paraît au-dessous de lui ; il délibère pour savoir s'il acceptera ce *poste élevé*. Son journal nous dit, ou plutôt il nous dit dans son journal (16 mai), que la *France pensera* qu'on ne pourrait faire un *plus digne choix* pour cette ambassade. Cette pensée de la France il l'a puisée dans son cerveau. Il ajoute ensuite : « Reste à savoir » si les amis de la monarchie constitutionnelle n'ai-» meraient pas mieux voir son plus fidèle défenseur » veiller auprès d'eux et avec eux à sa sûreté. » Eh! quoi, s'il part pour Rome, les amis de la monarchie constitutionnelle arrêteront-ils sa voiture? Le promènera-t-on en triomphe pour le retenir? Les Parisiens écriront-ils son nom sur leurs chapeaux, comme en 1792 ils y tracèrent les cris : *Vive Pétion! Pétion ou la mort !* Sans doute. Car, que deviendra la mo-

_____

(1) Le *Journal des Débats.*

narchie constitutionnelle si son plus fidèle défenseur n'est pas là pour veiller à sa sûreté? Il ne lui resterait en effet, pour la protéger, que le Roi, les ministres et les chambres. Ce gardien de nos libertés avait espéré d'être gouverneur de Mgr. le duc de Bordeaux, et n'a pas dissimulé au public la *profonde douleur* qu'il a éprouvée quand le Roi eut choisi M. le baron de Damas (1). Ce brave homme a, parfois, la bonté de nous confier ainsi les amertumes de son cœur.

Le 27 mai, ce même journal nous annonce l'alliance des royalistes à places avec les libéraux qui en demandent aussi. On verra dans cette brochure que j'avais prévu cette alliance. L'ambition n'a jamais été arrêtée par rien. *Reste à savoir* si le gouvernement leur remettra le pouvoir, et engagera le Roi à attendre tranquillement un second *dix août.*

----

(1) *Journal des Débats* du 28 avril.

# PETITE REVUE.

. . . . . . . Hanc aspice gentem
Romanosque tuos. . . . . .

Notre position est extraordinaire. Le *Journal des Débats*
et le *Constitutionnel* nous placent sur des volcans. On ne s'é-
tonnera point que ce dernier journal ait des vues sinistres et
manifeste la plus déplorable opposition. Mais le *Journal des
Débats!* un journal organe des hautes vues politiques de M. de
Châteaubriand! un journal dont chaque soir il lit les épreuves
et dont il dirige l'esprit! Certes, ce n'est pas d'un pareil journal qu'on aurait pensé que la monarchie aurait jamais à
craindre l'influence, et c'est lui qui, depuis quatre ans, a
a fait le plus de mal à la monarchie. Dans ces quatre années,
M. de Châteaubriand tout seul a plus affligé le cœur de notre
Roi que tous les révolutionnaires ne l'avaient fait ensemble
depuis la fatale époque des cent jours. Il n'est plus ministre!
Que tout périsse, peu importe. Le voilà se ruant sur la société,
alarmant tout le monde sur le sort de nos institutions, et en
communauté d'opinions et de doctrines avec le *Constitutionnel*, fraternisant avec les auteurs du ci-devant *Nain jaune*.
Les candidats de ces journaux ont été aussi les candidats du
journal de M. de Châteaubriand. On n'a pas rougi de présenter aux électeurs, comme digne de leur choix, qui l'eût pensé!
l'homme le plus effroyable que les temps aient produit jusqu'ici, un homme qui a laissé bien loin derrière lui les Néron,
les Tibère, les Robespierre, celui en un mot qui a proposé la

déportation de cinq cent mille Français, quand cette mesure était, pour ces proscrits, je ne dis pas la misère et la faim, mais une véritable sentence de mort. Voilà dans quels rangs M. de Châteaubriand se trouve aujourd'hui. N'est-ce pas tout dire? Est-il besoin de lui arracher son masque? Il n'en a plus; il a pris lui-même soin de s'en débarrasser. C'est par lui que nous allons commencer cette revue. Je sais à quoi je m'expose en attaquant des hommes qui ont la parole tous les jours dans de longues colonnes; mais on m'écoutera aussi quand, pour les confondre, je sortirai des pièces qui sont dans mon portefeuille. Pour le moment, je n'en mettrai que quelques-unes au jour; les autres paraîtront plus tard, si cela devient nécessaire. On ne me demandera pas sans doute mes titres pour défendre l'ordre public; on va voir qu'il y a long-temps que je combats les révolutionnaires, et que d'autres périls n'ont su m'arrêter. Que risqué-je d'ailleurs? Mes cheveux qui blanchissent sont un avertissement que j'approche de mon terme. Au reste, mes adversaires ne sont guère plus jeunes, et je puis accepter avec eux toute espèce de lutte qu'il leur plaira d'engager : *signa canant.*

L'opposition de M. de Châteaubriand est tout entière d'ambition. Les noms de *liberté*, de *Charte*, qu'il fait résonner, ne sont pour lui que de vains mots, qu'un appât trompeur pour en imposer aux dupes et se créer quelques partisans. La France est restée calme au bruit de sa chûte, et cette indifférence il ne la pardonnera jamais à la France. Depuis ce moment nous aurions dû tous nous trouver mal à l'aise; nous aurions dû prendre la couronne en haine, puisqu'elle a failli jusqu'à ce point de croire qu'elle pouvait se passer de cet *homme d'état.* A-t-il pu, de bonne foi, se persuader que les choses seraient ainsi, qu'il viendrait jamais à bout de nous identifier à ses passions, de faire de nous des vengeurs de son orgueil blessé? Dans sa colère, qui va parfois jusqu'à un ridicule risible, il s'en est pris successivement à tout. Le trois pour cent, le droit d'aînesse ont été long-temps ses plus puissans moyens : c'était le refrain de ses diatribes. Les jésuites , si prodigieusement loués dans le *Génie du christianisme,* sont venus faire diversion, car le droit d'aînesse et le trois pour cent avaient causé un tel dégoût , un tel ennui, que ces sujets n'étaient plus lus même par ceux qui avaient pu croire un moment qu'on pourrait en faire le germe d'une nouvelle révolution. En s'adjoignant M. S....., il n'a pas découvert un écrivain capable de rajeunir ces questions et de leur donner du piquant ; il serait difficile de rencontrer à aucune époque de notre littérature un écrivain plus maniéré , une plume plus lourde , plus emphatique, plus assommante ; ses articles passent inaperçus, on ne les lit point, parce qu'on n'y trouve qu'un vain bruit de paroles. Les jé-suites , qui sont en France depuis trente ans , et dont on ne parlait pas, sont donc devenus un besoin , une ressource pour l'opposition qui ne savait plus où s'alimenter. Il est trop tôt encore pour attaquer les curés et les vicaires de campagne. On a dû s'adresser d'abord aux jésuites , qui faisaient si peu de bruit qu'à peine savait-on qu'il en existât. Les voilà aujour-d'hui aussi connus que les aristocrates l'étaient en 1792. Le besoin de révolutionner leur a donné une grande célébrité aux uns et aux autres. C'est un mot nouveau substitué à la place d'un mot usé. Mais c'est avec des mots qu'on tourne les têtes faibles et qu'on bouleverse les sociétés. On applique ces mots à toutes les personnes qu'on veut perdre ou dont on am-bitionne les emplois (1). Nous n'avons encore de jésuites que tous les archevêques et évêques de France , quarante préfets , tous les procureurs du Roi, les frères de la doctrine chrétienne , les grands et petits séminaires , tous les derniers ministres et

---

(1) Les préfets même improuvés par la chambre, tiennent ferme à leur poste. Ils sont approuvés par la congrégation , et le blâme de la chambre leur est indifférent. ( *Constitutionnel* du 11 février 1828. )

quatre ou cinq des ministres aujourd'hui en place. Bien tôt nous aurons toute la pairie et la moitié de la chambre actuelle des députés, les quarante autres préfets et les trois quarts des cours et tribunaux du royaume. C'est ainsi que le monstre révolutionnaire procède : *vires acquirit eundo*. Plus tard, il n'y aura ni dans les villes ni dans les campagnes de prêtres qui ne soient jésuites, et comme tels éloignés de l'administration spirituelle de leurs paroisses. Voilà le but de la faction qui veut nous dominer ; voilà la marche des choses et comment elles se sont passées depuis le principe de la révolution. Mais prenez-y garde, vous, riches agitateurs, vous offrez des poignards à la multitude, savez-vous où elle ira chercher les statuts des jésuites ? Ce n'est pas à Montrouge, où quelques pauvres prêtres ont à peine du pain, mais au fond des coffres-forts, dans le bel hôtel Laborde, rue d'Artois. Un homme d'esprit, en présence duquel on parlait de cette situation alarmante et à qui l'on disait que nous en étions déjà à 1793 ; *non*, reprit-il, *mais c'est du bon 92.*

Voilà ce que nous devons à M. de Châteaubriand : c'est à lui qu'il faut faire honneur de ce revirement dans l'opinion. L'amour-propre, a-t-on dit, est un balon gonflé de vent ; faites-y une piqûre, il en sort des tempêtes.

D'honnêtes gens s'étonnent que M. de Châteaubriand se soit porté à de tels excès. Non, moi. Ils ne sauraient comprendre que celui à qui l'on doit des ouvrages que le goût peut souvent désapprouver, mais que la morale avoue sous beaucoup de rapports, se porte à de pareilles extrémités. L'étonnement doit cesser en présence des faits. Ce n'est pas de ce moment que cet homme, plein de superbe, a recours à des pratiques affligeantes et peu dignes d'un esprit réfléchi. Il y a vingt-quatre ans, dans la maturité de son âge, il s'était fait chef d'une coterie qui avait embrassé la mission de faire prévaloir une actrice sur l'autre. Il formait des menées dans ce but, se remuait beaucoup ; il était chez les gens de lettres, dans les bureaux des journaux ;

il écrivait (1). Jamais homme n'a montré plus d'activité en un *si grave sujet*. Hélas ! que n'a-t-il conservé ce goût ! Que ne s'occupe-t-il encore à claquer ou à faire claquer des comédiennes ! Toutefois, des soins plus de son âge actuel réclament l'emploi de tous ses momens. Ne donne-t-il pas au public une édition complète de ses œuvres ? Cette édition, dit son journal, se tire à sept mille exemplaires ; le libraire Ladvocat en a fait l'acquisition, moyennant 500 mille francs. Voilà certes les fondemens d'une fortune solide et d'une gloire à l'abri des épreuves du temps, qui détruit jusqu'à la gloire elle-même. Si l'on s'en rapporte au même journal, le public est *à la queue* chez le libraire ; il n'y a plus de pages blanches sous le registre des souscripteurs. Bonnes gens, dépêchez-vous, arrivez ; il n'y en aura pas pour tout le monde (2). Eh ! si, il y en aura, ne vous pressez pas tant, ne brisez pas les barrières. Un ami de

---

(1) Nous pourrions en mettre des preuves sous les yeux. La coterie dont nous parlons s'appelait *la Petite Société*. Cela est écrit et signé par *l'homme d'état*, alors très modeste homme de coulisse.

(2) On lit dans le *Journal des Débats* du 6 mars :

« La collection des œuvres complètes d'un tel écrivain devient en » quelque sorte un besoin de toutes les classes.... La curiosité publique » a successivement dévoré tout ce qui est sorti de la plume de *l'illustre* » *écrivain*. La grande entreprise du libraire Ladvocat est venue ensuite • rassembler tous les rayons de cette *haute intelligence*. » De tels éloges eussent fait rougir Voltaire, Rousseau, Montesquieu ; mais M. de Châteaubriand.... J'ai été témoin, à cette occasion, d'une discussion singulière. D'un côté, l'on prétendait que l'article qu'on vient de lire, était un persiflage ; on prétendait, d'un autre côté, qu'il était sérieux. Des personnes chargées de prononcer ne purent s'entendre ; il y eut partage des voix. C'est une mystification que le *Journal des Débats* a accueillie sans examen, disait l'un ; c'est un éloge composé par M. de Châteaubriand lui-même, répondait l'autre. La question est restée indécise. Mais on n'appelle plus aujourd'hui M. de Châteaubriand *l'homme d'état ;* c'est *la haute intelligence ;* y a-t-il perdu ? y a-t-il gagné ?

*l'homme d'état*, mais ami jusqu'à la bourse, et qui n'a pas voulu de l'opération, m'a assuré que l'éditeur n'a rien acheté. Il s'est borné à stipuler une remise à tant du cent sur la vente. Les cinq cent mille francs ne sont qu'un leurre pour donner du lustre à la marchandise. Grand désappointement ! A peine, malgré tout ce charlatanisme, quinze cents exemplaires sont-ils placés ; le reste est emmagasiné dans un hôtel, quai Voltaire. Cet amas somnifère y produit tout son effet. Qui ne s'aperçoit, en cet endroit du quai, lorsqu'on tourne vers la rue des Saints-Pères, que les chevaux ralentissent leur marche ? On sent, malgré soi, ses paupières se fermer. Il faut ranimer les chevaux et se frotter les yeux :

On dort chez les voisins et jusque dans la rue.

Cette fois pourtant le bon public ne s'est pas laissé mystifier. Effectivement, qui est-ce qui aura jamais le courage de lire deux fois trente gros volumes sur des sujets dénués de tout intérêt aujourd'hui ? Personne ne refuse à M. de Châteaubriand le talent de la phrase ; mais on ne court plus depuis long-temps après des périodes ; on ne va plus à la postérité avec un madrigal : *altri tempi*, *altre cure*. Le *Génie du christianisme*, malgré la bizarrerie du style, a eu sans doute quelque vogue au sortir de nos troubles révolutionnaires, qui avaient atteint jusqu'à la religion ; mais quelle pourrait être, en ce temps-ci, l'utilité d'un pareil ouvrage ? Il ne convient point aux personnes dévotes, et ne peut rien apprendre aux théologiens, qui le rechercheront moins encore. Bossuet se serait élevé avec autant de raison que de force contre cette manière romantique de traiter la religion. Deux épisodes ont joui de quelque faveur ( *Atala* et *René* ) ; on ne les voit plus guère que dans les antichambres, et si on les lit, c'est dans la soupente. Ils pâlissent incontestablement à côté des *Liaisons dangereuses* et du *Chevalier de Faublas*, et ont toujours été bien au-dessous de *Paul et Virginie*. L'*Itinéraire de Paris à Jérusalem* est loin d'égaler les *Voyages de Paul Lucas*. Les descriptions que ce dernier a données de la Terre Sainte sont pleines de charmes ; tandis que l'ouvrage de M. de Châteaubriand ressemble au journal froid et sec d'un écolier. On ne trouve un peu d'intérêt que dans les notes de MM. Boissonade et Malte-Brun. L'ouvrage ne devait former qu'un volume assez mince, qu'on aurait vendu cent sous au plus. On l'a étendu avec une foule de pièces insipides, et en copiant jusqu'au nolis d'un vaisseau, et avec ce remplissage on a fait trois volumes, du prix de dix-huit francs. C'est à l'argent surtout qu'on a visé, et c'est en réalité une spéculation sur la bourse du public. Cela prouve ce qu'on n'ignorait point, que le grand homme parfois ne néglige pas les petites affaires.

On s'est égayé long-temps sur la fiole d'eau du Jourdain si précieusement rapportée par l'auteur, qui la montre encore en secret, selon l'occurrence, aux adeptes. C'est le morceau de sentiment. — Il y a peu de personnes qui aient eu le courage de lire jusqu'au bout, sans de longues pauses, l'ouvrage tant prôné des *Martyrs*. Ce sujet, susceptible de l'intérêt le plus élevé, distille l'ennui. Bélisaire est bien supérieur, et qui lit Bélisaire ?

M. Hoffman a très judicieusement apprécié tous ces ouvrages. Si le libraire-éditeur de cette fastidieuse collection ne nous donne pas les articles de ce critique, qui était homme d'esprit, quand il n'était pas homme de parti, d'autres auront soin de les publier en forme de supplément, et comme préservatif contre les locutions vicieuses et le mauvais goût *du premier* de nos écrivains, au dire des *Débats*.

L'ouvrage le plus utile qui soit sorti de cette plume si féconde, c'est la petite brochure de *Buonaparte et des Bourbons* (1). L'auteur, qui se cachait pour attaquer des comé-

---

(1) Buonaparte, qui jugeait assez bien parfois de la valeur des

diennes, s'est montré cette fois. On pourrait louer son dévouement en cette occasion, si tout le monde ne savait que, quand ce pamphlet parut, l'auteur était protégé par 500 mille hommes armés. On dit qu'assez souvent depuis il s'est lui-même étonné de sa hardiesse, et a regretté de s'être si fort avancé contre un homme vaincu qui avait eu un grand pouvoir, et à qui les souverains alliés avaient permis de vivre. A quoi n'a pas prétendu l'auteur de cette brochure! quelle morgue! quelle suffisance! mais jusque-là qu'elle prudence! quelle circonspection! Certes, il n'était pas au milieu de nous dans les momens de péril. Il n'a vu ni les prisons du Directoire, ni celles de Buonaparte. Tout ce qu'on peut louer en lui c'est le courage du silence. — Quant à ses opuscules politiques, est-il nécessaire d'en parler?

Nous avons tous connu ce bon Mercier ; il se disait naïvement aussi *homme d'état*. Il était un peu fou ; mais pas assez fat pour imprimer cette sottise tous les jours. Cependant il y a, pour qui sait lire, plus d'idées politiques dans *mon Bonnet de nuit*, que dans toutes les brochures de M. de Châteaubriand. Mais allez lui dire qu'il a existé des ministres avant lui, il haussera les épaules et vous tournera brusquement le dos. Il est, à son sens, le premier homme qui ait possédé la science du gouvernement. C'est une prétention d'ailleurs que son journal cherche à rendre populaire; il la ressasse chaque matin, et chaque matin aussi elle excite le rire de ceux qui la lisent.

Il faut qu'il soit ministre une seconde fois ; qui s'y entend mieux? qui a plus de dignité? Voici à cette occasion un fait qui a plus d'une fois amusé la haute société à Paris. Quand il

---

hommes, l'avait nommé son envoyé dans le Valais ; c'était sa portée. Mais quel désappointement! quoiqu'à cette époque il n'eût pas encore la prétention d'être le premier diplomate de l'Europe. On dit que c'est là l'origine de sa haine contre l'usurpateur.

était aux affaires étrangères, il y avait chez lui des petites réu-
nions les jeudis. Quelques personnages de la cour et des membres
du corps diplomatique s'y rendaient. Le maître de la maison
arrivait pour l'ordinaire, au milieu de ce cercle de personnes
distinguées, revêtu d'une redingote-frac et avec un pantalon
gris à dessous de pied. Cette mise, qui lui donnait l'air de M.
*Sans-Géne* se disposant à aller le matin en bonne fortune, était
sans doute un véritable manque d'égards. Ce n'était pas son
intention, mais il croyait que ce costume cavalier, où tant d'orgueil se cachait sous une simplicité apparente, excitait une
sorte d'admiration, et qu'au sortir de chez lui l'on se disait les
uns aux autres :

Tes yeux ne sont-ils pas tout pleins de sa grandeur?

O misère humaine !

Il y a une opinion générale qu'aucun ministère dans lequel
il ne sera pas le premier ou même le seul, ne pourra tenir.
Jamais il ne voudra de supérieur ; il reconnaîtra même diffici-
lement des égaux. Quels cris n'a-t-il pas jetés parce que le Roi a
jugé convenable de l'éloigner de ses conseils! Etait-ce donc une
chose nouvelle? MM. les ducs de Feltre, de Bellune, les
comtes de Serre, Corvetto, les barons Louis et Portal, et tant
d'autres, avaient successivement cessé aussi d'en faire partie
sans qu'aucune plainte fût sortie de leur bouche. Mais M. de
Châteaubriand ne veut ressembler à personne, et il faut pour
lui aussi des mesures d'une nature toute particulière. Est-ce
donc sans de graves motifs que le Roi a répudié ses services? Tout
le monde l'a su; il pratiquait de sourdes menées, il cabalait
pour faire échouer des mesures arrêtées dans le conseil et aux-
quelles il avait pris part. Si dans son opinion ces mesures étaient
mauvaises, il faisait bien, certes, de les combattre; mais devait-
il recourir à l'intrigue ? Etait-ce hors de l'enceinte du conseil
qu'il devait parler ? que dirait-on d'un magistrat qui se per-
mettrait de blâmer publiquement un arrêt qui aurait passé

contre son avis ? Il y avait un moyen noble, et qui aurait été approuvé de tout le monde, de manifester son opposition. C'était de supplier le Roi de recevoir sa démission. C'est ce qu'a fait depuis le respectable duc de Doudeauville. Mais il y a loin, il est vrai, d'un La Rochefoucauld au chevalier de M^lle. D....

Voyons maintenant sous quelle multitude de formes diverses son ambition cherche à cacher ses vues. C'est le *Journal des Débats* que nous allons consulter pour les mettre en évidence; qu'on lise une partie des n^os. du mois de janvier, et surtout les n^os. des 16, 18, 19, 24, 25, 26, 27 et 29 février; ceux des 2 et 5 mars et 1^er. avril. M. de Châteaubriand nous prouve tous les jours dans ce journal, que s'il n'est pas rappelé au ministère, la France est destinée à périr. A l'entendre, aucun de nous, royalistes soumis aux volontés de notre Roi, ne voulons de la Charte que ce prince si religieux a jurée. Elle n'a pour soutien que lui, et avec lui les libéraux, qui l'ont déchirée le 20 mars 1815, et y ont substitué un Code de leur façon. Qu'on lise leurs journaux de la fin de juin 1815, pour juger de leur amour pour la Charte et son auteur. Jamais la mauvaise-foi de ces accusateurs n'a été plus manifeste. Mais les ambitieux ont-ils de la bonne foi (1)?

---

(1) Je suis peu touché, je l'avoue, du langage de nos nouveaux amis de *la Charte*, de leurs cris de *vive la Charte!* L'histoire nous fait voir ce qu'il faut penser de ces démonstrations bruyantes d'attachement. Nous avons déjà eu une Charte ; celle-là avait le grand mérite de n'avoir pas été *octroyée ;* elle avait, aux yeux des libéraux, une origine bien plus digne de respect : nous la tenions du génie de l'assemblée constituante. Combien de sermens de fidélité lui furent faits ! Combien d'hommes devaient périr, plutôt que de souffrir qu'elle éprouvât la moindre infraction !

Au mois de décembre 1791, un député de la Seine-Inférieure, disait : « Tous les bons citoyens doivent s'unir pour maintenir les » lois constitutionnelles. »

Un autre député s'écria : « *Je mourrai sur la place* plutôt que d'y » laisser porter la plus légère atteinte. »

M. Lecointe-Puyraveau ajouta : « Les préopinans ne sont pas les

Le ministère actuel, il ne cesse de nous le dire, ne peut avoir de durée ; il faut qu'il se fortifie, et il ne peut acquérir de force qu'en introduisant des *sommités* dans son sein. Il nous faut des sommités, sans doute ; mais ce n'est pas des sommités littéraires, c'est des sommités politiques. Est-ce là ce qu'entend M. de Châteaubriand ? Il est en ce cas fort désintéressé dans la question. Mais qu'il parle alors ; qu'il nomme ceux qu'on doit appeler au timon de l'état. Ce n'est plus de la modestie que de se taire quand on n'a pas à parler de soi. Mais non, je me rétracte, c'est M. de Châteaubriand qui est la sommité.

---

» seuls qui aiment la constitution : *nous périrons aussi* pour la défendre.»

M. Dumas ( Mathieu ) ne montra pas moins d'ardeur : « Les soldats » qu'on calomnie, dit-il, font retentir nos forteresses du cri de guerre » de tous les Français : *la constitution ou la mort.* »

M. Pétion, maire de Paris, à la tête de tous les officiers de la garde nationale régénérée, adressait à l'assemblée ces paroles, le 15 décembre 1791 : « J'ai l'honneur de présenter aux législateurs français » les nouveaux officiers de la garde nationale parisienne ; ils ont *juré* » de *soutenir la constitution...* » L'histoire ajoute : Les officiers de la garde nationale défilent au milieu des plus vifs applaudissemens ; en passant, les uns crient : *la constitution ou la mort;* d'autres : *la nation et le Roi...*

Louvet, un des chefs du parti de la Gironde, disait, comme orateur d'une des sections de Paris, dans une adresse à l'assemblée : « La » constitution, maintenant l'objet de vos travaux difficiles et de vos » sollicitudes religieuses, la *constitution* a l'assentiment, les hommages » et les sermens de la *nation entière.* »

Six mois après, le trône fut renversé, la constitution foulée aux pieds, et personne ne mourut pour la défendre. On se contenta d'abord d'égorger Louis XVI qui la voulait de bonne foi ; puis on changea en canons les milliers de tables d'airain sur lesquelles on l'avait gravée, afin de la faire arriver pure à nos neveux : ensuite elle devint un titre de proscription contre ses auteurs et contre ceux qui osèrent en garder chez eux même un exemplaire comme pièce curieuse. C'est ainsi qu'auraient agi, dans les cent jours, ceux qui se disent aujourd'hui les amis de la Charte et du Roi, contre nous qui étions alors comme aujourd'hui les amis du Roi et de la Charte. Le temps seul leur a manqué.

Son journal du 3 février m'ouvre les yeux, et je vois clairement que c'est de lui que la France ne peut se passer. Voici ce que je lis à l'occasion de l'ordonnance qui nomme M. de Vatimesnil ministre de l'instruction publique : « Nous marchons de sur- » prise en surprise ; l'ordonnance qu'on vient de lire n'est pas » propre à faire revenir la France de la stupeur. ( Français » étions-nous donc dans la stupeur?) Les vides ministériels se » remplissent, et le *ministère est toujours* VACANT (1). » Le ministère est toujours vacant? sans doute ; M. de Châteaubriand n'en fait pas partie. Le même journal ajoute: « Cette nomination, est-ce la France qui l'a voulue. » Je l'ignore : mais ce n'est pas du moins M. de Châteaubriand. Son journal ( 26 février ) signale un *homme de politique turbulente et tracassière* ; quand on a lu de pareils articles, on peut croire qu'il n'a pas dû aller chercher bien loin pour trouver son modèle.

Continuons. Ce qui suit éclaircit tout-à-fait la pensée de l'homme d'état. « Pourquoi, lorsque avec une légère modi- » fication on peut tout calmer, tout arranger, tout finir, pour- » quoi s'obstinerait-on à vivre dans l'anxiété et le trouble?... » Nous ne faisons qu'une demande, c'est qu'on donne aux » choses la garantie des personnes ( 25 février ). » C'est là enfin s'expliquer. Voilà nettement la conséquence des précédentes insinuations. Nous pourrions demander d'abord comment, avec une légère modification, on remplit un ministère vacant? Mais ce serait demander de la raison où l'on n'a voulu mettre que de la satire. Cette légère modification qui peut tout cal- mer, tout finir, et que le journal n'indique pas, je vais l'in-

---

(1) Les ministres étaient alors MM. Roy, Portalis, de Martignac, de Caux, de Chabrol, de la Ferronnays et M. l'évêque d'Hermopolis. Ces noms-là n'ont certes rien qui puisse exciter des alarmes, et il y a plus que de l'impudeur à dire qu'un ministère ainsi composé est un ministère vacant. Où en est une société dans laquelle on dit au public de telles choses sans que personne se lève pour en faire justice?

diquer : c'est de rendre un ministère à M. de Châteaubriand. La garantie des personnes qu'il est nécessaire de donner aux choses, vous n'avez pas deviné? Ministres du Roi, êtes-vous sourds? C'est le rappel de M. de Châteaubriand dans votre sein. Autrement, vous l'entendez, il le dit de la manière la plus explicite, nous sommes condamnés *à vivre dans l'anxiété et le trouble.* Mais, est-ce un homme d'état qui ose parler ainsi? Non, ce n'est pas même un homme de bon sens ; car quiconque serait doué d'un peu de jugement, saurait déguiser mieux ses vues, voilerait avec plus d'art les motifs de ses attaques. A l'entendre, la paix, le repos de la France sont dans ses mains. Français, membres des deux chambres, sommes-nous donc des piédestaux destinés à élever M. de Châteaubriand? Devons-nous le placer sur le pavois (1).

Sans doute il ne se fâchera pas de ce qu'il y a de personnel dans cette discussion ; c'est la nature même des choses qui l'a nécessité. Il demande la garantie des personnes, n'est-ce pas nous obliger à montrer ce qu'elles sont? D'ailleurs c'est un droit qui ne peut être contesté, par lui surtout, d'après les principes proclamés par son journal (4 février). « Si dans cet » examen la question des personnes, dit-il, se présente à » nous, force nous sera de l'aborder. » Or, un droit qu'il prend nous appartient incontestablement aussi ; il n'en demande pas le privilége exclusif apparemment ; il n'en réclame que l'usage, et cet usage il ne le néglige point. Le 26 février, il dit brutalement que la majorité de la Chambre A REPOUSSÉ M. de la Bourdonnaye. A peine y avait-il un mois, que, dans

---

(1) Voltaire a dit quelque part :

L'orgueil remplit la bête

De fiel au cœur et de vent dans la tête.

J'ai oublié de qui Voltaire parlait : mais qu'il serait aisé de faire aujourd'hui l'application de ces vers !

la formation d'un nouveau ministère, il agissait de concert avec cet honorable député. Quelle circonstance a fait tomber subitement M. de la Bourdonnaye dans la disgrâce de l'*homme d'état?* Le public l'ignore. Mais quand ses alliés cessent de lui être utiles, il les brise. On le voit, à tout propos, attaquer avec amertume une partie du ministère actuel ; il faut qu'il se fasse jour dans ses rangs, n'importe à quel prix, ni comment.

Pendant quelques jours il a changé sa manœuvre, mais toujours dans la vue de ressaisir le portefeuille qu'il a perdu, et dont la perte le jette dans une sorte de frénésie. Un beau matin il a cru découvrir, ou peut-être même avait-il rêvé la nuit, que M. de Villèle était encore tout-puissant, et le voilà, qui le croirait? lui offrant un *bill d'indemnité*, si, par son crédit, il pouvait rentrer au ministère. « Comment, disait-il » le 29 février, comment pouvons-nous sortir de cet état d'in- » décision? De deux manières : ou par un changement partiel » de ministère, ou par la mise en accusation de M. de Villèle. » Ainsi, que l'on change partiellement le ministère, c'est-à-dire qu'on y introduise M. de Châteaubriand, et l'ancien président du conseil, si noir depuis quatre ans, devient à l'instant blanc comme neige. Je crois même, en conscience, que M. de Châteaubriand est prêt à lui offrir le secours de sa plume. Mais que M. de Villèle y prenne garde ; si M. de Châteaubriand reste éloigné du pouvoir, cette même plume servira à rédiger l'acte d'accusation du ministre disgracié. Ces aberrations n'annoncent pas, on en conviendra, un esprit bien sain : mais c'est le caractère de M. de Châteaubriand ; c'est toujours celui qui, il y a vingt-quatre ans, poursuivait des comédiennes.

De M. de Villèle il retourne aux jésuites, et cette fois son intention est de leur porter le coup de grâce. Écoutez : « Il » faut opter, dit-il, entre la Charte et les jésuites ( *Journal* » *des Débats*, du 28 février ). » On frémit :

De l'austère pudeur les bornes sont passées.

Ses menaces contre M. de Villèle ne pouvant le conduire au ministère, c'est sur les ruines de nos meilleures maisons d'éducation qu'il prétend s'y élever. La France entière veut la Charte; dire qu'il faut opter entre cette Charte et les jésuites, n'est-ce pas dévouer ces derniers à toutes les vengeances? Courage, courage, haute intelligence; les *ouvriers* de St.-Firmin et des Carmes n'ont pas tous péri; ils vous entendront. Personne n'ignore aujourd'hui à quel prix ils *travaillent* ; M. Baudouin a imprimé leurs quittances (1). Malheureux, oui, l'on peut compter sur ces hommes; ils savent, depuis le 2 septembre 1792, que les prêtres ne résistent pas, qu'ils prient, se taisent et meurent. J'en appelle à tout homme, quelque prononcé qu'il soit contre les jésuites, en sommes-nous à choisir entre eux et la Charte ? C'est donc des proscriptions qu'on cherche à renouveler ? Sans doute, s'il n'y a que ce moyen de remettre un portefeuille dans les mains de cet ambitieux. O mon Roi, votre auguste frère, Louis XVI, s'est trouvé comme vous dans une violente tourmente ; il y avait alors aussi *des hommes dont les ambitions fort naturelles voulaient arriver au pouvoir* (2). Ils y parvinrent en effet, mais sur les corps sanglans de MM. Delessart et de Montmorin. Les feuilles de Brissot et de Carrat n'étaient pas plus menaçantes, et elles étaient moins coupables : car leurs auteurs n'avaient pas l'expérience de nos malheurs. Peut-on croire que quand Montrouge, St.-Acheul, Billom ,

---

(1) *Mémoires* sur les journées de septembre 1792.

(2) Expressions du *Journal des Débats* du 1er. avril. Ce journal, dans un long article, veut prouver qu'il est permis de faire de l'opposition, c'est-à-dire, d'aigrir les esprits contre le gouvernement, d'agiter toutes les têtes, sans aucun autre motif que celui de satisfaire *son ambition naturelle*. Est-il possible de dire plus clairement que l'intérêt public n'est point le véhicule des factieux ? Ils montrent par-là tout leur mépris pour la France. Certes, il y a tout-à-la-fois dans la marche des idées de ces hommes, cruauté, imprudence et ridicule.

colléges où l'on forme de bons chrétiens et de fidèles serviteurs du Roi, auront été démolis par la bande noire révolutionnaire, la France sera dans un grand calme ? Non , le mot
jésuite a fait fortune , et quiconque déplaira sera jésuite. Ce
n'est pas une vaine allégation ; voici mes preuves :

« Le torysme anglais ne ressemble en rien à l'*absolutisme*
» *jésuitique...... En France, c'est la querelle du régime légal*
» *contre l'arbitraire administratif doublé de jésuitisme.* (Jour-
» nal du 5 février. )» Le cercle tracé par ce langage barbare ne
renferme-t-il pas la société tout entière? Qu'on daigne noter
mes paroles, elles seront prophétiques, comme celles de Mallet-
Dupan et des autres amis du Roi l'ont été au commencement
de nos troubles civils. Si les jésuites avaient la toute-puissance
que le besoin d'alarmer le public l'oblige à leur supposer ,
cet homme aurait encore le courage du silence. Ce courage ,
il a prouvé pendant dix ans qu'il y était fidèle ; mais, comme
je viens de le dire, avec des adversaires qui ne se défendent
qu'avec des larmes et des prières, ce serait folie que de ne pas
parler.

J'ai touché à l'arche sainte, quel scandale ! Ma main va-t-elle
se sécher? L'homme que je viens de signaler est aussi l'idole
des libéraux, qui font cause commune avec lui, et qui l'applau-
diront tant qu'il jettera le trouble dans les esprits , tant qu'il
demandera des proscriptions contre de malheureux prêtres, et
qu'ils le verront contribuer avec ardeur à démolir la monarchie
pièce à pièce. Mais si une fois son ambition satisfaite, il avait
la coupable pensée de vouloir que l'ordre fût quelque chose ,
un moyen de gouvernement, n'en doutons point, la division
ne tarderait pas à s'établir entre eux , et ils lui feraient sentir
de nouveau cet aiguillon critique dont il supportait autrefois si
impatiemment les atteintes. Mais non , il restera dans leurs
rangs ; nous ne commettrons point l'imprudence de lui rouvrir
jamais les nôtres. Dans quel étonnement ce langage va le jeter , lui qui n'a , depuis long-temps, connu que la flatterie et

les hommages de la bassesse intéressée! Que vont penser ses familiers de mon audace ? Eh ! quoi, diront-ils, il y a donc des hommes pour qui ce grand génie n'est qu'un bien petit esprit ? Hélas ! oui, et je l'avoue à mon dam, je suis un de ces hommes-là.

On dit, mais cela aurait besoin de preuves, que M. de Châteaubriand a pour principal collaborateur, dans l'exécution des projets que lui inspire sa détestable ambition, un individu dégradé, que le mépris le plus profond couvre depuis long-temps des pieds à la tête. Adonné aux vices les plus honteux, cet individu aurait, selon la chronique, épousé une veuve aussi aimable que spirituelle, laquelle n'aurait point connu de nuits de noces avec son nouveau mari; mais elle aurait, au contraire, au bout de quelques jours, appris, pour la première fois, ce qu'il est permis à la vertu d'ignorer, qu'il existait des goûts révoltans, et que l'homme qu'elle avait accepté pour époux n'était qu'un infâme. Dans des libations à table, en tiers avec son complice, cet infâme aurait, selon la même version, dévoilé à cette infortunée tout son malheur, lui disant : *Avez-vous pu croire, Madame, que je vous sacrifierais un ami de vingt ans?* Ce n'était pas, toujours au dire de la chronique, une femme qu'il cherchait, mais la fortune; et c'est ce qui détermina son choix en faveur de celle qu'il vint à bout de tromper. Cette déplorable victime alla, dit-on encore, consulter des gens de loi sur sa position, et elle apprit que cette position était sans remède; que celui à qui elle avait remis inconsidérément sa destinée, pouvait disposer, malgré elle, de tous ses revenus, et même la laisser dans la misère. Dans son désespoir, ajoute-t-on, elle eut le bonheur de trouver des amis qui négocièrent un arrangement au moyen duquel il lui fut permis de s'éloigner d'un repaire odieux, et il lui en a coûté dix mille francs de rente pour recouvrer son indépendance et se racheter de l'horreur d'être témoin de désordres semblables à ceux qui autrefois, au rapport de l'Écriture, firent tomber le feu du ciel sur Sodome.

Mais non, un être semblable à celui dont je viens d'esquisser les traits n'a jamais existé; c'est un être tout-à-fait imaginaire. Et quelle imagination encore a pu le créer? M. Fiévée est, pour la partie politique, le seul collaborateur marquant que M. de Châteaubriand se soit associé, et rien ne convient moins qu'à M. Fiévée le tableau qu'on vient de lire. Le style de cet écrivain, au dire de tout le monde, est traînard et sans couleur; sa plume, je l'avouerai, semble trempée dans un composé de lait et de vinaigre; mais il parle toujours en bons termes de la morale et des vertus, et il ne peut manquer de mettre en pratique ce qu'il sait si bien exprimer. Les *Proverbes dramatiques* qu'il publie, sous le nom de M. Théodore Leclercq, son plus ancien ami, sont un ouvrage que nous pourrions citer en preuve de ce que nous disons, s'il était besoin de preuves; il édifie en même temps qu'il instruit. Avoir mis cet ouvrage sous le nom d'un autre, fait voir suffisamment la toute-puissance d'une amitié pure. On cite, comme digne de remarque, celle qui unit M. Leclercq et M. Fiévée; il faut remonter jusqu'aux temps antiques pour en rencontrer une pareille.

*Fortunati ambo.* . . . . . . . .
*Nulla dies unquam memori vos eximet ævo.*

Certes, c'est là incontestablement de la vertu. On comprend maintenant que M. de Châteaubriand écrive en commun avec M. Fiévée. L'esprit mobile et incertain de M. Fiévée le porte à des opinions erronées en politique; mais en morale, personne n'est plus correct. Voyez plutôt ce qu'il écrit contre les préfets. Il peut épouser les vues et les passions de M. de Châteaubriand, mais sous tout autre rapport, qui a plus de droit de dire :

Le jour n'est pas plus pur que le fond de mon cœur !

Toutefois, quelque chose d'indéfini est attaché au nom de M. Fiévée. Les élections de 1827 ont été un temps de jubilation pour les hommes de sa couleur ; les colléges électoraux se les disputaient les uns aux autres ; c'était à qui les aurait ; on n'en trouvait pas assez ; cependant, qu'on me dise pourquoi personne n'a pensé à lui que lui-même. Il s'est mis, sans plus de façon, sur les rangs pour la députation à Tours, et, sans plus de façon aussi, les électeurs ne lui ont pas donné une seule voix. L'histoire nous expliquera cette bizarre destinée. Je ne la rechercherai point aujourd'hui, car pour nous rendre heureux on a fait tant de lois, qu'il y en a même pour défendre d'écrire la vie de nos grands hommes avant leur mort. A peine nous est-il permis de les peindre en buste.

Nous venons de dire que les hommes de la couleur de M. Fiévée étaient arrivés à la chambre élective sans aucune difficulté ; l'esprit public, faussé par les journaux, a fait de tels ravages, que les portes leur ont été ouvertes à deux battans à tous, sans en excepter M. Étienne ; peu s'en est fallu même que nous n'ayons MM. Boulay de la Meurthe et Defermon. Qu'est-ce donc que M. Fiévée ? M. Étienne, si rampant sous Buonaparte qu'il encensait, aurait-il pensé, il y a quatorze ans, qu'il deviendrait une orgueilleuse puissance sous un Roi qu'il aurait proscrit ? Comment se fait-il qu'il soit si hostile à un gouvernement où de pareils prodiges s'opèrent ! Eh ! mon Dieu ! c'est que le gouvernement est doux, et que la violence seule peut en imposer à M. Étienne et le rendre doux aussi. Voici, à cet égard, une anecdote qui est encore dans la mémoire de beaucoup de personnes.

Il y a quelques années, un acteur de l'Opéra-Comique s'étant trouvé blessé de plusieurs articles de critique dont il supposa que M. Étienne était l'auteur, et l'ayant rencontré au foyer du théâtre, il l'attaqua vivement. M. Étienne, déjà passablement épais, retrouva néanmoins son ancienne vélocité, se fit jour à travers la foule, sous les coups redoublés de la baguette du comédien , qui fut long-temps sans lâcher prise. Cet acteur n'était pas un jésuite, qui, quand on le frappe sur une joue , tend l'autre. Avec un ennemi de cette sorte, que fit M. Étienne ? Devinez ? Il alla se réfugier à sa campagne de Ville-d'Avray ; mais sa maison étant dominée par des bois, il ne s'y crut pas en sûreté; il lui semblait, à tous les instans du jour et de la nuit, voir son implacable adversaire plonger des yeux, des hauteurs voisines, sur ses beaux jardins; il croyait, étrange effet de la peur ! qu'il était possible de découvrir jusqu'aux lieux les plus obscurs de cette habitation écartée. Enfin, après quelques jours d'angoisses , las de ne pouvoir trouver aucun repos chez lui , il fallut s'occuper d'une autre retraite. Je ne sais si ce fut lui qui , en cette occasion, pensa qu'il m'était plus aisé qu'à aucune de ses autres connaissances, de lui donner, à ma campagne , près de Saint-Germain-en-Laye, un refuge où son esprit pourrait reprendre quelque calme. Mais un jour, de grand matin, je vis entrer chez moi d'Avrigny, notre ami commun , qui ne se levait guère avant midi, pour l'ordinaire.

> « C'est vous-même, Seigneur, quel important besoin
> Vous a fait devancer l'aurore de si loin. ? »

Lui dis-je en riant, dès que je l'eus aperçu. « Je viens, mon cher, me répondit-il d'un ton pénétré, vous demander un asile pour Étienne, qui se trouve dans un grand embarras. — Ah ! mon Dieu ! lui dis-je, est-ce que Ell.... est mort? — Et non , reprit d'Avrigny, non vraiment, il n'est que trop vivant. » Là-dessus, il me raconta les inquiétudes de M. Étienne, et me dit qu'il espérait que je ne refuserais pas de le recevoir chez moi, si d'ici à quelques jours son imagination ne se calmait pas; car, ajouta-t-il, il n'a au fond nulle raison de se tourmenter; son adversaire n'a pas quitté Paris, et ne songe à l'aller trouver ni à Ville-d'Avray, ni ailleurs. « Vous m'avez rendu justice, mon cher d'Avrigny, lui dis-je, en comptant sur moi ; M. Étienne peut venir ici, je le connais trop pour ne pas le recevoir avec empressement, et quand même je ne le connaîtrais pas,

» Il suffit qu'il soit homme et qu'il soit malheureux. »

Nous déjeunâmes. Il y avait à peine quelques minutes que nous étions à table, que d'Avrigny fut pris d'un *fou rire ;* nous nous mîmes machinalement tous à rire aussi. Après cette explosion de gaîté, d'Avrigny reprit ce sérieux qui lui était naturel. « Croiriez-vous, dit-il, qu'Étienne a sur les épaules des cordes grosses comme le pouce ; il né pourra, d'ici à six semaines, se coucher sur le dos. Il faut que ce diable d'Ell.... ait une fière *poigne ;* on dit, au reste, qu'il frappait comme un sourd. Venez à Paris demain, ajouta-t-il, nous devons nous rassembler pour manger des huîtres chez Nicolo, avec Nanteuil et Désaugiers, et nous verrons aussi ce qu'il y a à faire pour rendre à Étienne sa tranquillité. » Une affaire imprévue me retint à la campagne. Mais à quelques jours de là, j'allai à Paris, et une des premières personnes que je rencontrai fut M. Étienne. Nous nous abordâmes ; il avait l'air fort gai. « Tout est arrangé, me dit-il. — Je le vois, lui répondis-je,

» Cet éclat de vos yeux n'est plus terni de larmes.

— C'était, reprit-il, un mal entendu. Au fond, Ell... est un bon enfant ; je ne l'ai pas vu ; mais mes amis m'ont assuré qu'il n'exigeait pas d'autre satisfaction, et tout est fini. » Huit à dix jours après, M. Étienne nous réunit à dîner chez lui une douzaine d'amis et de connaissances. Quelles belles choses les circonstances du moment lui inspirèrent sur le mérite de ceux qui supportent les affronts avec résignation ! Le premier des courages, comme la première des vertus, disait-il en élevant la voix, est incontestablement l'oubli des injures ; anathème à celui qui violerait les lois de l'Évangile et se livrerait à une vengeance défendue par les saintes écritures ! Dans l'érudition qu'il étala sur cette matière, il cita les Cheminais, les Bouhours, les Bourdaloue. Ces bons pères ! répétait-il en s'attendrissant, jamais personne n'a su si bien qu'eux ennoblir *les cas difficiles.* Leurs principes moraux les plus sévères étaient cités et commentés par lui de la manière la plus heureuse. Nous étions tous dans l'admiration. Est-ce cet homme de béatitude qui pousse aujourd'hui ces cris de fureur, qui signale à la haine publique ces mêmes jésuites qui lui fournissaient de si beaux textes de modération ? Leurs ouvrages étaient magnifiquement reliés dans sa bibliothèque, les en a-t-il exclus ? puisse-t-il les avoir envoyés à M. H..., qui nous a parlé assez des Suarès, des Emmanuel de Saa, et qui ignore probablement qu'il a existé d'autres jésuites, car s'il le savait, il y aurait, à se taire sur la morale et les principes de ceux-ci, un manque de probité dont il ne serait pas poli de soupçonner M. H... (1)

______

(1) M. H... s'est fait juge de querelles théologiques que des jésuites et d'autres religieux avaient, il y a 200 ans, les uns contre les autres. Ces nouveautés fort piquantes sont recueillies par le *Journal des Débats,* lorsque la partie des maisons à vendre ou à louer n'a pu être remplie. Je ne sais pas s'il nous est bien permis, quand nous lisons M. H..., de nous étonner qu'on ait écrit des absurdités dans le seizième siècle :

Ma foi, juge et plaideurs il faudrait tout lier.

On dit que M. H... n'a que 84 ans. Je le croyais plus âgé. Convenons qu'à cet âge, et dans ses momens de faiblesse, Voltaire n'était guère plus fort. M. H..., je le souhaite pour lui du moins, trouvera sans doute bientôt un ami qui lui donnera le conseil que Gilblas ne refusa point à l'archevêque de Grenade, après que ce prélat eut fait paraître sa dernière homélie : *Monseigneur, il est temps.* Mais on nous fait espérer qu'il publiera auparavant la liste des Rois de France que les jésuites ont assassinés. On donne aussi, comme positif, qu'il a dans son portefeuille un document qui prouve que les 584 misérables qui ont voté la mort de Louis XVI étaient des jésuites. A l'apparition de cette pièce, qui sera

Que les temps sont changés ! M. Etienne long-temps si modéré , si patient même , ne cesse d'être à l'attaque. La plupart des préfets sont des faussaires ; les procureurs du Roi ne sont dignes d'aucune confiance. Il voit des fraudes électorales partout où un royaliste l'a emporté sur un libéral. Il signale une paille dans l'œil de son voisin, et ne voit pas une poutre dans le sien. On a eu pitié de M. Etienne autrefois ; il n'a plus droit à l'indulgence aujourd'hui. Rappelons à sa mémoire oblitérée que la politique et même la tyrannie ont trouvé dans tous les temps de serviles exécuteurs de leurs volontés capricieuses.

Tout le monde a lu le beau manifeste publié par le Roi à Gand sous la date du 23 avril 1815 , manifeste dans lequel l'auguste auteur de la Charte cherchait à éclairer l'esprit de ceux de ses sujets que tant d'individus qui vociférent le mot *Charte* , s'étaient plu à tromper, à égarer sur les intentions de ce prince rempli de sagesse. Cette production si remarquable parut dans le *Journal de l'Empire* du 6 juin ( 1815 ), mais elle y parut dénaturée , indignement falsifiée. Quelle main coupable commit ce sacrilége ? Celle de l'accusateur des préfets, celle de l'homme qui ne parle pas de courage , il est vrai , mais de délicatesse et de vertu ; celle de M. Etienne , en un mot; son journal d'alors, en publiant ce document, qu'on n'osa donner aux Français dans sa pureté , le fit précéder d'un préambule qu'il est bon de faire connaître encore , afin qu'on voie que la félonie n'a pas reculé devant les plus odieuses manœuvres.

« Le dernier *Moniteur de Gand*, que nous avons reçu aujour
» d'hui, contient un manifeste du comte de Lille adressé à la
» nation française. S'il n'était inséré dans le journal officiel
» de la cour de Louis XVIII, si nous n'avions la certitude

---

attrapé ? Certes ses adversaires ne s'y attendaient pas. C'est par-là que le malin vieillard veut finir. Puis, rallumant son audace, il entonnera le *Nunc dimittis*.

» qu'il est authentique, nous n'oserions répéter une pareille
» pièce; nous croirions qu'elle est fabriquée par des amis du
» nouveau gouvernement, et qu'ils la publient pour exciter
» l'indignation de l'armée et la colère du peuple. Mais cette
» malheureuse famille que nous ont ramenée nos ennemis, a
» toujours conspiré contre elle-même; les actes qui en émanent,
» les écrits qu'elle avoue, les manifestes qu'elle signe, sont
» les argumens les plus terribles qu'on puisse lui opposer.

» En voulant se justifier, elle s'accuse devant le peuple fran-
» çais ; elle aiguise les poignards qui doivent égorger nos ci-
» toyens ; elle allume les torches qui doivent incendier nos
» campagnes et nos villes ; elle organise ces compagnies de bri-
» gands qui arrêtent les diligences; elle rappelle ces bandes qui
» par amour pour leur Roi ont fabriqué des machines infer-
» nales jusqu'au milieu de Paris, et fait périr des millions de
» citoyens par amour pour un seul Roi légitime.

» Nous retenons l'indignation qui nous transporte ; nous ne
» voulons point traîner sur la claie des hommes qui se sont eux-
» mêmes immolés. Cependant on dira que nous insultons au
» malheur ; que nous accablons des princes dont les ancêtres
» ne furent pas sans gloire. Ah ! sans doute, si le dernier chef
» du gouvernement, forcé de fuir loin de la France, aban-
» donné par le peuple et par l'armée, se fût retiré sur la
» terre de son premier exil, les Français même qui s'étaient
» indignés en le voyant revenir parmi eux, porté sur les pavois
» ennemis, n'auraient pu lui refuser cette noble pitié qui s'at-
» tache toujours aux grandes infortunes ! Mais quand le père
» du peuple appelle sur le sol natal, tous les malheurs, tous
» les crimes, tous les fléaux ; quand pour la légitimité il veut
» qu'on égorge deux millions de ceux qu'il appelle ses enfans,
» nous devons, par de justes représailles, le dévouer à l'animad-
» version de la France, au mépris des nations, et au cour-
» roux de la postérité. Ces considérations seules peuvent nous
» déterminer à publier l'acte qu'il vient de mettre au jour sous
» le nom de manifeste.

» Il est rédigé avec une mauvaise foi, avec une *perfidie* qui
» doivent doubler l'ardeur de l'armée, de la garde nationale
» et du peuple. Des écrivains *perfides* diront peut-être que
» nous insultons à son malheur. Nous ne l'injurions qu'en le
» citant lui-même. Nous sommes ennemis de toutes les bas-
» sesses, et nous ne flatterons pas plus le pouvoir que nous ne
» servirons l'étranger. Avant de rapporter le manifeste des
» Bourbons, nous avons senti que nous devions faire un aveu
» libre de nos sentimens. Nous avons pensé qu'il fallait répon-
» dre d'avance à ces hommes qui parlent aujourd'hui de res-
» pect au malheur et qui pendant onze mois ont épuisé tout
» ce que la haine a de furieux, tout ce que la rage a d'atroce,
» contre un homme qui n'avait pour asile qu'un rocher, pour
» alliés que des Français, et qui, pour remonter sur son trône,
» n'a eu besoin que de quatre cents braves, quand un million
» d'étrangers paraît à peine suffisant aux rois légitimes qui veu-
» lent l'en faire descendre. »

Telles sont les réflexions dont M. Etienne fit précéder la pu-
blication de ce manifeste qu'il crut devoir mutiler, à cause du
démenti que le texte vrai de cet acte aurait donné à ses crimi-
nelles accusations. Sied-il bien à celui qui a tenu un pareil
langage, après avoir audacieusement altéré et le manifeste de
Gand, et la pensée de notre roi, de s'ériger en conseiller de
Charles X, de nous dicter, à nous, comment nous devons
l'aimer et comment nous devons servir sa cause ? Qu'une am-
nistie nécessaire ait fait oublier un crime que Buonaparte, si
prôné par M. Etienne et ses pareils, n'eût pas pardonné, à la
bonne heure; personne plus que moi ne désire l'union et l'oubli.
Mais nous n'aurons jamais ni oubli ni union tant qu'on n'aura
pas confondu ces hommes qui excitent les haines et prêchent de
nouvelles persécutions. Un faussaire qui parle de loyauté
soulève l'indignation dans l'âme de l'homme le plus calme :

*Quis tulerit Gracchos de seditione quærentes?*

J'ai la pièce entre les mains, je le répète, et je suis prêt à la mettre sous les yeux de quiconque révoquerait en doute son existence. Voici à quelle occasion je me la suis procurée. Je ne pensais pas assurément, lorsqu'elle me fut remise, que la mutilation coupable que j'y remarquerais serait de la plume de M. Etienne.

Le duc de Feltre, dans un des voyages que je fis à Gand, pendant les cent-jours, en ma qualité d'officier de la maison militaire du Roi, me chargea de ce manifeste pour le publier à Paris. J'en rapportais un exemplaire avec moi dans cette intention; mais m'étant trouvé au milieu des premiers débris de la bataille de Waterloo, j'éprouvai tant de difficultés sur les routes voisines, qui étaient encombrées de blessés et de fuyards, que je perdis cet exemplaire, et je me vis, à mon arrivée, dans l'impossibilité d'exécuter les ordres que j'avais reçus. Pour réparer ce malheur, je m'adressai à un des imprimeurs du journal, et j'obtins qu'il fouillât dans les anciennes épreuves, afin de retrouver la pièce mutilée sur laquelle la composition avait été faite. Ce fut uniquement par précaution que je désirai de l'avoir, car les événemens dont j'avais été témoin sur la route, ne pouvaient guère me laisser douter que la réimpression n'en devînt inutile. Je fus, pour le dire en passant, le premier à en donner la nouvelle à Paris. Je trouvai, chez la personne qui devait m'être utile pour la réimpression de ce manifeste, M. le marquis de la Guiche, pair de France. Les bulletins des 16 et 17 juin l'avaient consterné. J'essayai de le tranquilliser en l'assurant que les affaires étaient bien changées depuis ces bulletins. Je pense que, quoique mes paroles eussent l'air de lui plaire, il ne leur accorda, pour le moment, qu'une médiocre foi. Mais, deux jours après, tout Paris sut le retour de Buonaparte et la nouvelle de son désastre; M. de la Guiche, ayant alors rencontré la personne chez laquelle nous nous étions trouvés ensemble, lui dit : « Mais comment donc votre ami a-t-il pu savoir les résultats

» de la bataille si long-temps avant tout le monde? » J'avais
voyagé à franc-étrier, et je doute qu'aucun courrier ait jamais
marché avec plus de vitesse. Les événemens s'étant ainsi préci-
pités, je ne fis point réimprimer le manifeste; mais je con-
servai la copie altérée comme un monument curieux. Si
M. Etienne ne s'était pas montré si constamment hostile, je
n'aurais point révélé ce fait; mais il faut neutraliser ses armes,
à lui et à ceux qui lui ressemblent, par tous les moyens qui
sont en nous. Je n'en connais pas de meilleur, pour affaiblir
le rôle d'accusateur dont M. Etienne s'est emparé devant le
public, que de lui rappeler qu'il est homme lui-même, et un
homme à qui il n'est pas permis d'accuser les autres. Que
veut-il donc? Où prétend-il nous conduire? Que faut-il faire?
Encore ne peut-on pas pousser la déférence jusqu'à ériger,
pour lui complaire, la cravache qui servit à le corriger, en
bâton de maréchal de France.

M. Tissot, autre collaborateur du *Constitutionnel*, est scrupuleux à la manière de M. Etienne. Il ne pardonne rien aux
autres, sans doute parce que rien dans sa vie à lui, n'a besoin
de pardon. Voilà son idée, qui n'est pas certes indigne d'examen. C'est ainsi qu'il entend répondre à ses ennemis, à des
calomniateurs qui lui ont imputé des actions épouvanta-
bles. Il s'en est expliqué avec moi; j'ai été dépositaire des
amertumes de son cœur, et j'ai donné, en homme poli, toute
confiance à ses paroles. Non, M. Tissot n'a point porté la tête
de la princesse de Lamballe; non, il n'a point figuré parmi
les assassins des prisonniers d'Orléans, massacrés à Versailles;
non, il n'a point porté la tête du député Ferraud (1). L'erreur

_______

(1) M. Tissot eut un jour au foyer du Théâtre-Français une discussion
vive avec M. Dupuy des Islets qui, comme ancien officier de cavalerie,
conserve l'habitude d'avoir le corps droit et les épaules en arrière.
M. Tissot, dans un moment de chaleur, lui dit : *«Monsieur, vous
portez la tête bien haut. — Monsieur*, répondit M. des Islets, *je n'ai*

générale, à l'égard de cette dernière imputation, a pu venir de ce que M. Goujon, son beau-frère, a été condamné et exécuté pour ce crime. Mais que l'on veuille bien considérer qu'à cette époque les partis n'étaient pas très scrupuleux sur les moyens de s'entre-détruire, et que l'on se débarrassait tour-à-tour de ses ennemis, sans y regarder de bien près. M. Goujon n'était guère plus coupable, ou plutôt n'était pas moins innocent que M. Tissot, que nous connaissons tous pour un homme humain, bon, sensible même dans l'occasion. Je le répète, il a cru devoir me consulter sur ces accusations; il a voulu un jour savoir quelle serait ma conduite si elles planaient sur moi. Innocent, lui dis-je, je fuirais aux extrémités de la terre, si le chagrin m'en laissait la force. Coupable, j'aurais tâté mon courage depuis long-temps, et c'eût été avec une arme à feu, ou dans le fond de la rivière, que j'aurais cherché à éteindre mes remords. Des remords! M. Tissot n'en a point, parce qu'il n'a pas, je crois, de motifs pour en avoir. Il a trouvé, avec raison, mes conseils impertinens, tout au moins; il est resté en France, il a continué de vivre et a bien fait :

> Mieux vaut goujat debout qu'empereur enterré.

Le voilà aujourd'hui dans les longues colonnes du *Constitutionnel*, tuteur de nos rois, et, ce qui est plus beau encore, tuteur de nous tous, de la société. Je connais de lui de touchans articles sur la nécessité de traiter humainement les détenus; ils décèlent un homme qui a su approfondir la matière, et qui paraît avoir vu souvent des prisonniers bien malheureux. Je lui reproche néanmoins trop d'âcreté parfois dans ses moni-

---

*jamais porté que la mienne.* » On a souvent cité cette réponse dont les détracteurs de M. Tissot se sont emparés, je ne sais pourquoi; je l'ai retournée de cent manières différentes sans avoir pu y trouver un bon mot.

tions. Mais c'est nécessairement l'effet des circonstances de sa
vie, plutôt que le choix de son cœur. Il aura fait, à part lui,
ce raisonnement, qui a quelque chose de captieux : si, modéré,
le bon apôtre, dira-t-on, il veut faire oublier les excès de sa
jeunesse ; si, sévère, c'est un homme sans reproche et qui n'a
pas à redouter les investigations de la malveillance. On ne
peut nier qu'il n'y ait de l'art dans cette manière de parler à
l'intelligence du public. M. Tissot a pris le parti de la sévérité
envers les autres, ce qui porte naturellement à croire qu'il ne
la craint pas pour lui-même. Cependant c'est encore un pro-
blême pour beaucoup de monde, que de savoir si M. Tissot a
bien ou mal raisonné. Quoi qu'il en soit, heureux ceux qui,
comme lui, descendant en eux-mêmes, peuvent dire avec un
juste orgueil :

Examinez ma vie et voyez qui je suis.

Cette position est belle sans doute, mais il ne faut pas en
abuser.

Voici un troisième rédacteur du *Constitutionnel*, M. Jay ; il
n'est pas plus honorable que ses deux collègues, mais il ne l'est
pas moins. Des *quiproquos* fâcheux s'attachent aussi à son nom,
car MM. du *Constitutionnel* jouent de malheur. Il y a eu un
M. Jay auteur d'une horrible brochure, imprimée à Paris,
rue Trainée, et qui parut peu après le 12 mars ; elle avait pour
titre : *Avis d'un habitant de la Gironde à ses concitoyens.*
On dit, dans le temps, que l'auteur l'avait composée pour
préparer les esprits à la mission secrète dont Buonaparte l'avait
chargé à Bordeaux, mission que le 31 mars rendit inutile.
Qu'y a-t-il de commun entre ces deux Messieurs Jay ? Je réponds :
le nom, et voilà tout. Mais ce n'est pas là la réponse des ennemis de M. Jay, et qu'est-ce qui n'a pas d'ennemis en ce
monde ? Toutefois, personne n'a cru et personne ne croira qu'il
s'agisse ici de M. Jay du *Constitutionnel.* Ce dernier, d'une
sévérité de principes telle qu'il veut que l'on chasse les jésuites,

non parce qu'ils sont prêtres, mais parce qu'ils n'aiment pas assez le Roi, est absolument étranger à celui que l'usurpateur investit de grands pouvoirs pour en finir d'un seul coup avec le *nommé d'Angoulême*, et qui fit contre ce Prince l'infâme brochure dont je viens de parler. Si la méchanceté a eu, à cet égard, un peu de succès dans le public, c'est qu'elle a tiré parti de ce que M. Jay, l'honnête *conseiller* de notre Roi, et M. Jay, le déplorable sicaire de son fils, sont l'un et l'autre du département de la Gironde. On sait que la méchanceté s'arme de tout, et, par malheur, on ne l'écoute que trop. On a renouvelé, mais à tort selon moi, cette grave accusation, depuis que M. Jay, le bénévole conseiller, prêche une espèce de croisade contre le *parti-prêtre*. M. Jay, j'en suis sûr, ne craint point qu'on le confonde avec son homonyme, parce qu'il n'a pas, jusqu'à présent, une action tant soit peu douteuse à justifier. Mais ne serait-ce point compromettre cette position heureuse, que de continuer à demander des proscriptions? C'est du moins donner un grand avantage à la malveillance, j'en avertis M. Jay. Je l'avertis aussi qu'elle confère certaines phrases du *Constitutionnel* avec des phrases de la brochure. M. Jay va conclure de ce que je dis ici, que je désire qu'il mette fin à la guerre qu'il a declarée aux jésuites. En vérité, cela ne m'occupe pas. Si je l'engageais à la modération, ce serait bien plutôt dans son intérêt propre. A mon avis, l'indulgence pour autrui sied bien à tout le monde; il siérait bien à M. Jay en particulier de ne provoquer de mesures rigoureuses contre personne. Nous autres, amis de la vraie liberté, avons pour principe de ne gêner aucune opinion. Nous trouvons bon que nos adversaires montent au ciel avec Luther et Calvin, mais qu'ils daignent nous permettre d'aller en enfer avec Ignace et Bourdaloue. Je puis assurer M. Jay que mes paroles sont sin-cères; je ne damne point les partisans des deux novateurs que je viens de nommer, et je prends date de cette déclaration, car, je le crains, il sera peut-être tard dans quelques années de dire qu'on respecte toutes les consciences. Je déclare de plus que, parmi ceux qui ont trouvé bonnes les réformes de Calvin et de Luther, je compte des amis particuliers. Voici mes preuves : je n'en veux pas donner qui soient d'hier. Proscrits, comme nous l'étions souvent, nous qui n'aimions ni la république ni Buonaparte, j'avais eu occasion , pendant mon séjour en Suisse , de voir souvent le célèbre Lavater, ( ministre du Saint-Evangile, à Zurich ), qui m'avait accueilli avec cette cordialité qui le distinguait. Une circonstance l'obligea de m'écrire, et il voulut bien , dans ses lettres , me témoigner *sa joie d'avoir fait ma connaissance. « Dès le premier moment, ajouta-t-il , j'ai pressenti que je ne vous oublierais pas facilement* ( 30 décembre 1798 ). » Je le retrouvai à Bâle quelque temps après, proscrit à son tour par les républicains régénérés de la Suisse ; il était, sous le rapport de la fortune , plus embarrassé que je ne l'étais moi-même. Il était logé au Sauvage, chez le bon Merian. Les sentimens d'estime que nous avions l'un pour l'autre ne lui permirent pas de me dissimuler sa position gênée. Les malheureux sont frères. Je pouvais lui donner vingt-cinq louis et je les lui présentai ; il ne les accepta pas. Mais le souvenir de ma bonne volonté lui a fait consigner un témoignage de sa reconnaissance dans les *Lettres sur sa déportation* , ouvrage que sa famille voulut bien m'envoyer après la mort de cet homme illustre. De telles liaisons avec un disciple de Calvin doivent, j'espère, m'absoudre du crime de jésuitisme, et sans doute je puis être tranquille à présent. Qui sait pourtant? combien, dans notre révolution, de régicides ont été proscrits comme trop royalistes? J'ajoute pour plus de sûreté , car il n'est pas mal de prendre ses précautions , que je suis prêt à souscrire pour le rétablissement de Port-Royal (1). Mais aussi, si les jésuites persécutés ont besoin

_______________

(1) Les sectateurs de Port-Royal n'étaient pas commodes autrefois ; la révolution, je veux le croire, les aura éclairés comme beaucoup

d'asile, je demande qu'on me permette de leur ouvrir ma porte. Je ne hais que les intolérans ; libéraux, je ne suis pas votre ami.

M. Lacretelle jeune ne s'est pas placé, malgré son esprit d'opposition, sur la même ligne tout-à-fait que les honorables dont nous venons de parler. Cet écrivain était connu, dès il y a plus de trente ans, par des productions qui annonçaient un esprit modéré. Parvenu aujourd'hui à un âge plus que mûr, pourquoi semble-t-il renoncer à un rôle qui lui avait si bien réussi ? M. Lacretelle a le sentiment de son talent ; malheureusement depuis long-temps il se croit aussi une haute importance. C'est là ce qui a donné à Chénier l'idée de ce vers si caractéristique et par-là même si plaisant :

Fesser le grand orgueil du petit Lacretelle.

J'ai été du nombre de ceux que sa conduite, dans ces derniers temps, n'a pas surpris ; mais j'ajoute aussi qu'une conduite toute contraire ne m'aurait pas surpris non plus. Ses amis, et des hommes dévoués au Roi, qui sont les miens, se sont souvent recriés sur ce qu'il avait été atteint par une mesure commune à plusieurs autres. Il semblait qu'on eût frappé tout au moins la fleur de la fidélité, un dévoûment qui ne s'était jamais démenti. Je n'aurais pas été, je le déclare, de l'avis de la mesure en question, si j'avais été appelé à la délibérer. Mais on a prétendu devant moi que M. Lacretelle devait être épargné plus que les autres. Pourquoi donc, ai-je dit ? C'est me répondit-on, parce qu'il a *toujours* été royaliste. *Toujours ?* Non, ai-

___

d'autres. Rousseau disait : « Il ne manque aux jansénistes de France » que d'être les maîtres pour être plus durs et plus intolérans que » leurs ennemis. » Cette phrase avait déplu à M. de Malesherbes qui lui en demanda la suppression. *J'y consens,* répondit Rousseau. *parce que grâce à Dieu,* dit-il, *elle n'est pas encore utile.* Serait-elle utile aujourd'hui ?

je repris. Voici mes preuves. Toutefois, avant de les donner, je dois déclarer que je suis loin de faire le procès à ceux qui ne sont royalistes que de 1814; j'en connais bon nombre dans cette classe qui sont serviteurs du Roi, aussi fidèles et aussi dévoués que qui que ce soit. Ainsi donc, dans mon opinion, il est indifférent qu'on ait à alléguer des sentimens qui datent d'une époque antérieure; mais il s'agit de l'exactitude d'un fait, et il est de toute vérité que M. Lacretelle n'a pas, avant 1814, montré qu'il désirât le rétablissement de la maison de Bourbon en France. Mes preuves, les voici, et M. Lacretelle lui-même ne démentira pas les principales circonstances de ce que je vais dire.

En 1797, M. Lacretelle jeune, travaillait à un journal qui s'appelait, je crois, les *Nouvelles Politiques*. Ses articles écrits avec esprit respiraient surtout une haine assez décidée contre les anarchistes; et dans tout l'ensemble on apercevait une couleur qui pouvait faire croire que l'auteur n'était pas ennemi de la royauté. J'étais à cette époque à Saint-Cyr, près Versailles, à la tête de cent à cent vingt Vendéens avec lesquels, en une nuit, je devais me porter sur le Luxembourg et arrêter les cinq membres du directoire, dont trois au moins pouvaient nous opposer de la résistance. On sait qu'alors il était question de réunir l'armée de Condé à celle de Pichegru; cette jonction opérée, le directoire ne pouvait se dispenser de faire marcher vers la frontière les troupes qui formaient la garnison de Paris et une partie de sa propre garde. Ce coup de main aurait eu, dans ce cas, un succès à-peu-près certain. Mais le projet, si habilement et si loyalement conçu par Pichegru, n'ayant pas été adopté par des motifs que tout le monde connaît aujourd'hui, l'expédition dont j'avais été chargé, et qui était liée à ce projet, fut également abandonnée. Pendant la négociation entamée entre le prince de Condé et Pichegru, négociation dont rien ne nous faisait supposer la rupture, nous faisions dans l'intérieur tout ce qui pouvait en favoriser le développement et les conséquences. M. de Puisaye vint, dans ce but, à Saint-Cyr. Les articles de M. Lacretelle jeune l'avaient frappé. « Dans les révolutions, me dit-il, quand les épées ont fait leur office, il faut recourir aux plumes qui sont, dans l'état actuel de la société, un auxiliaire puissant. La plume de M. Lacretelle est une de celles dont il ne sera pas mal de s'assurer. Ne pourriez-vous pas trouver un moyen de le faire venir ici, en quelques instans d'entretien, et sans rien laisser pénétrer de nos vues, peut-être connaîtrais-je s'il serait homme à nous seconder. » Il ne me fallut pas de grands efforts pour entrer en relation avec M. Lacretelle. Il vint à Saint-Cyr avec deux de ses amis que le plaisir de faire une partie de campagne avait déterminés à l'accompagner. L'un de ces jeunes gens s'appelait M. Hochet; je crois que c'est le même qui est aujourd'hui secrétaire du Conseil-d'État. L'autre s'appelait M. de Mimont.

M. de Puisaye n'eut pas besoin d'une longue conférence pour connaître les principes de M. Lacretelle, qui n'a jamais su probablement à qui il avait parlé. « C'est, me dit-il, un républicain » modéré, la pire espèce de toutes ; nous n'avons pas de plus » grands ennemis. Ces niais politiques sont comme les cas- » trats qui peuvent battre leurs ennemis, mais qui sont inca- » pables de rien créer. » A peu de jours de-là je reçus de M. Hochet une lettre très polie et bien tournée. On commençait dans ce temps à abandonner les formes révolutionnaires ; aussi M. Ho- chet se servait-il du mot *Monsieur*, mais la lettre était datée de l'ère républicaine. « Vous le voyez, me dit le général, ces » hommes-là tiennent à leur république; nous ne pourrions » rien faire d'eux. » Nous n'eûmes pas non plus à chercher à convertir M. Lacretelle, car malheureusement, comme je viens de le dire, le grand plan qui devait ramener nos princes en France, et qui eût rendu utile le concours de quelques bons écrivains, ne put recevoir son exécution. Un autre plan qui, s'il avait eu de la réalité, eût été bien préférable, ne fut pas

plus heureux. M. de Besignan avait annoncé à Louis XVIII
qu'un comte de Grabinska, était chargé, au nom du directoire
exécutif, de faire à S. M. des ouvertures pour le rétablissement
de ce prince sur le trône de ses pères. Cette nouvelle était si
belle que le Roi refusa d'y croire, et ne voulut nommer un né-
gociateur qu'autant que le directoire enverrait à l'avance des
passeports en bonne forme. Un officier attaché au Roi, et muni
d'une lettre de la main de ce prince, vint auprès de moi pour
nous concerter et chercher à savoir ensemble s'il y avait quelque fond à faire sur les paroles de M. Grabinska. Nous sûmes
bientôt que ce n'était pas le directoire, mais deux des directeurs
qui avaient pu concevoir la pensée de remettre le pouvoir au
Roi. Voilà pourquoi j'ai dit tout-à-l'heure qu'en attaquant le
directoire nous aurions eu à combattre vraisemblablement trois
de ses membres au moins. La majorité était sans nul doute op-
posée au retour des Bourbons. Le Roi le pressentait si bien que
dans la lettre dont je viens de parler (1), S. M. disait: « J'exige
» des passe-ports du directoire même, parce que je les regarde
» comme la pierre de touche de la vérité de ses relations avec
» le comte Grabinska, et par conséquent du récit de M. de
» Besignan. » Je me proposais de sonder moi-même et plus
fortement M. Lacretelle si nous avions pu compter sur trois des
directeurs ; si, surtout, des armées imposantes s'étaient mon-
trées; car on se range volontiers du côté de la force, et peut-

---

(1) Cette lettre est datée de Blankenbourg le 13 janvier 1797; je
croyais l'avoir brûlée après les tristes événemens de 1804. Obligé de
fuir à cette époque pour me soustraire au sort qu'éprouvèrent tant de
fidèles serviteurs du roi, je ne voulus rien laisser, avant mon départ,
qui pût compromettre ceux de mes compagnons d'infortune qui res-
tèrent cachés sous leurs *noms de guerre*. Dans ma précipitation je
sacrifiai beaucoup de pièces importantes. Cette lettre m'est restée
comme par miracle: je m'en félicite maintenant puisqu'elle témoigne
de faits que personne peut être n'avait connus.

être se serait-il dès-lors, comme en 1814, laissé convaincre
que le roi légitime pouvait plus efficacement que tout autre
autorité, réparer les maux de la France. Il y a eu un moment
aussi, sous le régime impérial, où il traitait les *bourbonniens*
avec peu de ménagement. Mais quant à ce qui peut m'être personnel dans cette dernière circonstance, il ne m'en coûte pas
d'en effacer le souvenir de ma mémoire. L'Écriture nous ap-
prend qu'il y a plus de joie dans le ciel pour un pécheur qui
se convertit, que pour quatre-vingt-dix-neuf justes qui persé-
vèrent. M. Lacretelle est royaliste de 1814, je le répète. Il a
été un moment privé de ses pensions ; elles ont été plus que
doublées depuis, et si l'on a été sévère à son égard, il n'a plus
qu'à s'applaudir d'avoir été frappé par une mesure si bien ré-
parée aujourd'hui. Mais voyez comme il se montre reconnais-
sant. Le voilà orateur d'un club, dit électoral, auquel des clubs
d'un autre genre et plus dangereux pourront succéder. En sommes-nous encore à nous abuser sur les conséquences de telles
sociétés ? Devraient-elles être louées par un écrivain si bien
traité par le Roi ? M. Lacretelle nous dit qu'il n'aimait pas les
jacobins autrefois ; mais il paraît qu'avant de descendre dans
la tombe il a désiré de se réconcilier avec ses ennemis. Ces
sentimens sont d'un bon chrétien ; il faut aimer ses frères.

Une opposition qui a dû affliger davantage parce qu'elle
n'était pas faite dans des vues ambitieuses, ou dans les intérêts
de la faction désorganisatrice, c'est celle de *la Quotidienne*.
M. Michaud, royaliste éprouvé, n'a pas connu l'effet de cette
opposition sur l'esprit public. Égarés, les uns par le *Constitu-*
*tionnel* et les *Débats*, les autres dans un sens différent par *la*
*Quotidienne*, que devaient croire les Français de toutes les
opinions ? Quelle route pouvaient-ils suivre en sûreté, quand
toutes les voix leur annonçaient des périls ? On en voit aujourd'hui les déplorables résultats. Quatre années de ces per-
plexités de toutes les sortes, n'ont que trop disposé les provinces
et surtout Paris, à une nouvelle révolution. On n'a pas même

la pudeur d'en faire mystère, on proclame hautement que les hommes les plus opposés à la maison de Bourbon, sont ceux sur lesquels les voix des électeurs doivent se porter exclusivement; et les royalistes sont à présent dans l'impuissance de contrebalancer ces choix. Ce sont les orateurs des cent-jours, ceux qui, à cette fatale époque, ont proscrit nos princes à la tribune des chambres et dans leurs écrits, qui appelaient l'étranger à régner sur la France, ce sont ceux-là qui se montrent les directeurs de l'opinion et veulent nous forcer à les prendre pour guides. Quels guides, bon Dieu ! ( Voyez les journaux du mois de juin 1815. ) C'était contre de pareils hommes qu'il eût été louable à M. Michaud de combattre. Voilà les hommes qu'il fallait dévoiler. Je répéterais volontiers ces avertissemens à toutes les pages. Certes, j'en suis convaincu, cette opposition eût été plus dans ses principes personnels que celle à laquelle il s'est livré. Trompé par des entours, il a donné à *la Quotidienne* une direction qui n'était pas celle qu'elle devait suivre. Mon ancienne amitié pour lui, que nos communes proscriptions avaient encore resserrée, m'a déterminé en diverses occasions à chercher à l'éclairer là-dessus. Habituellement éloigné de Paris, je ne pouvais lui faire entendre la vérité bien souvent. Néanmoins je l'ai averti plusieurs fois qu'il était circonvenu. « Vous ignorez, lui ai-je dit dernièrement encore, ce que tout Paris sait, un de vos co-rédacteurs va matin et soir à *l'ordre* chez M. Pasquier qui se trouve ainsi le directeur réel de votre journal. — Pouvez-vous bien croire, me répondit-il, que *la Quotidienne* se fasse dans les opinions de M. Pasquier? — Non, sans doute, elle ne se fait pas dans ses opinions; mais elle se fait dans ses vues. — Comment cela, me dit M. Michaud un peu étonné! — Comment? le voici. M. Pasquier trouve lourd *le fardeau de la vie imposée par les Dieux*, tant qu'il n'a pas un portefeuille. Il a presque aussi fortement, mais moins ostensiblement, la même maladie que M. de Châteaubriand à cet égard. C'est par cette raison que tous les ministres, quels qu'ils soient, le verront dans l'opposition ; aucun ne pourra lui convenir s'il n'en fait pas partie ; mais tous lui conviendront quand on l'y appellera. — Eh bien, dit M. Michaud, quel mal y aurait-il quand il serait ministre ? On ne peut nier qu'il ne soit bon royaliste. — Bon royaliste, repris-je, entendons-nous. M. Pasquier salue profondément à droite, plus profondément à gauche, et placerait de grand cœur les royalistes, si les libéraux lui en donnaient l'ordre. C'est ainsi, je pense, qu'il faut entendre ses opinions. » Au retour du Roi, après les cent jours, il fut ministre de la justice. Qu'il ait laissé dans le bulletin des lois les actes de l'usurpateur pendant une époque où cet usurpateur avait été mis hors la loi par l'Europe entière, cela pouvait s'excuser jusqu'à certain point, il y avait là un fait ; mais les actes du roi légitime, à cette même époque, étaient un fait aussi, et cependant on les cherche vainement encore dans le recueil de nos lois. Mais qu'auraient dit les libéraux ? Cette pensée occupe toujours M. Pasquier.

Cette marche douteuse, flexible, incertaine, distingue en effet M. Pasquier. Il ne cherche pas précisément à plaire à tout le monde, mais il ne voudrait déplaire à personne. Son caractère est d'en avoir peu et de glisser entre les partis, sans en blesser essentiellement aucun. Je le crois porté au bien par goût, mais je crois aussi qu'il regarde beaucoup autour de lui, avant de le faire. Le bien ne doit jamais, dans son sentiment, déplaire au grand nombre ou contrarier la puissance. Il s'est prêté et se prêtera toujours aux caprices du despotisme, pourvu que cela lui soit commandé par une force qu'il croira durable. J'ai conservé, comme pièce distinctive de son esprit, la lettre suivante, écrite par lui quand il était préfet de police, sous Buonaparte :

Le 7 Janvier 1812.

« Je vous avais déjà recommandé plusieurs fois, Monsieur, » de ne jamais donner de détails des cérémonies, ni rendre

( 47 )

» compte de ce qui se faisait à la cour., avant que le *Moni-*
» *teur* n'en eût parlé. Cette attention était indispensable pour
» prévenir des erreurs qui peuvent avoir des inconvéniens
» graves.

» Cependant vous avez fait mention, dans votre feuille
» d'hier, des félicitations portées à S. M. L'EMPEREUR par
« différentes autorités, et, en vous fondant seulement sur un
» article de la *Gazette de France*, du 5 de ce mois, au
» lieu d'attendre, comme vous deviez le faire, que *le Moni-*
» *teur* vous eût donné des détails certains à ce sujet; vous êtes
» tombé dans une erreur très-grave, que cette gazette avait
» commise.

» Je vous réitère ma recommandation très expresse de ne
» jamais rendre compte, à l'avenir, que d'après le *Moniteur*
» SEUL, de toute espèce de cérémonial à la cour.

» J'ai l'honneur de vous saluer.

» *Le conseiller d'Etat, préfet de police,*
» *baron de l'empire,*

» ( Signé ) PASQUIER. »

Cent pages ne peindraient pas mieux M. Pasquier que cette
lettre.

Pour en revenir à M. Michaud, il a été long-temps sans
se douter que M. Pasquier donnait le ton à *la Quotidienne*, et
même aux articles que M. Michaud lui-même rédigeait, et
que des entretiens, préparés avec adresse, lui avaient inspirés.
Nous croyons quelquefois rendre nos propres pensées, quand
souvent ces pensées nous ont été inculquées à notre insu, et
ne sont que le produit de ce que nous avons entendu des autres. Je raisonne ici d'après des faits, sur lesquels il ne m'est
pas permis de m'étendre davantage pour le moment.

Sommes-nous bien ? Sommes-nous mal? Que M. Michaud
aurait trouvé heureuse pour la France, cette position que son

journal critique si amèrement parfois ! Ceux qui n'ont aucune arrière-pensée ne se plaignent pas beaucoup. On a beau les prêcher tous les jours, on a beau leur dire qu'ils sont entourés de périls, que l'arbitraire est là tout menaçant, ils demeurent tranquilles et vivent sans alarmes parmi ces dangers. Il me semble que le gouvernement des Bourbons ne nous met pas dans une situation qui puisse nous faire jeter sur le passé de vifs regrets. Jamais l'on a joui de plus de liberté ; mais ceux qui rivaient si durement nos fers autrefois, les Étienne, les Jay, les Tissot, les Fiévée, ne nous trouvent pas encore assez libres. Les bonnes âmes ! Le duc de Reischstadt, c'est celui-là qui entend la liberté, probablement comme l'entendait M. son père. La lettre de M. Pasquier, qu'on vient de lire, prouve quelle liberté nous était laissée à la fin de son règne. Voici deux lettres de M. Michaud, qui font voir que nous n'étions pas moins libres dès son avènement au pouvoir. M. Michaud serait-il obligé aujourd'hui d'employer le style figuré auquel il était forcé d'avoir recours alors, pour dire confidentiellement à un ami ce qu'il voudrait lui apprendre ? A quelles précautions oratoires, à quels artifices de style on était dans l'obligation de recourir, sous l'autorité d'un homme dont les libéraux se délectent à écrire l'histoire, qu'ils nous offrent pour modèle et veulent nous faire regretter. Sans doute que, quand M. Michaud relira ces lettres, il ne soupirera pas après l'époque *fortunée* où il les a écrites. Ces lettres caractérisent tout-à-la-fois et cette époque et ses sentimens. Je me suis félicité du hasard qui, au moment de terminer cet écrit, les a fait tomber sous ma main. C'est une leçon que M. Michaud recevra de lui-même, et que les agitateurs recevront par ricochet de M. Michaud. Puissent-elles servir un peu à tout le monde.

Ces lettres, comme il sera facile de le voir, furent écrites à l'époque du procès de MM. de Polignac, Pichegru, Georges et Moreau, en 1804. Nous étions, M. Michaud et moi, fort avant dans cette affaire ; mais le chiffre qui cachait nos noms et ceux de quelques autres, qui échappèrent aussi aux recherches de la police, ne fut pas découvert. Je fus arrêté pourtant, et me trouvai dans la même prison que M. le comte de Floirac, aujourd'hui préfet de l'Aisne; mes papiers furent saisis. Je croyais en avoir fait disparaître tout ce qui était de nature à me compromettre. Point du tout : arrivé chez le conseiller-d'État Réal, on brise les scellés sous lesquels ils avaient été renfermés; l'on me charge de les parapher, et je trouve, en me livrant à cette opération, un billet de la main de M. de Conzié, évêque d'Arras. J'étais perdu sans une circonstance si extraordinaire, que je la regardai comme un miracle de la Providence. J'avais pour interrogateur un ancien procureur au Parlement, nommé Chépy, qui était borgne. A tout événement, j'avais été me placer, pour parapher mes papiers, près d'une petite table qui se trouvait, par hasard, du côté de l'œil qui lui manquait, et je pus, sans quitter ma plume et sans paraître interrompre mon ouvrage, déchirer, avec le pouce gauche, ce billet par parcelles, que je portais aussitôt à ma bouche. Mais soit saisissement, soit défaut de salive, il me fut impossible d'en rien avaler. Enfin, ayant feint une forte toux pour dissimuler le bruit que pouvait causer la lacération du papier, cette toux me servit de prétexte pour demander un verre d'eau. M. Chépy me le fit donner, et l'agent de police, qu'il chargea de cette commission, me délivra de sa présence, qui n'avait pas laissé que de me gêner. Le verre d'eau, que je bus à diverses reprises, rendait chaque fois plus facile la déglutition du papier, dont je vins ainsi à bout de me débarrasser. Rendu à la liberté, je m'empressai de prendre un passeport pour Lyon, où je n'avais pas assurément la volonté de me rendre, et j'allai me cacher chez des amis, dans les montagnes du Beaujolais. C'est là que me furent adressées les lettres qu'on va lire, et c'est à ces événemens qu'elles font allusion. Ce préambule m'a paru nécessaire pour qu'on en comprît bien l'objet. Ce ne sont pas là des argumens convenus d'avance et préparés pour l'époque actuelle.

## PREMIÈRE LETTRE.

—◦❦◦—

« Vous avez un peu trop tardé à m'écrire, mon cher ami, et je trouvais déjà le temps un peu long. Vous débutez dans votre correspondance par une pastorale, par une idylle digne de Racan, votre compatriote. Vous mêlez ingénieusement à vos descriptions des idées morales. Rien n'est en effet plus propre à nous rappeler à la vérité, que le spectacle de la nature. C'est sans doute à la campagne, en voyant l'émail des prés, en écoutant les sons du rossignol et les chansons des faneurs, que Salomon s'écriait comme vous : *Vanitas vanitatum..* Quant à moi, je n'ai pas besoin d'aller à la campagne pour cela ; et je vois fort bien ici que tout n'est que vanité ; jamais je n'eus plus d'humilité qu'aujourd'hui, et je pense qu'on paie toujours trop cher les lauriers de la gloire ; ma paresse me rend encore plus sage sur ce point que mon indifférence.

» Quoique vous ayez renoncé à Paris, vous voulez encore savoir ce qui s'y passe. Il s'y passe toujours les même choses. Vous voyez toujours les mêmes fleurs, la même verdure, les mêmes bois, les mêmes ruisseaux. Nous voyons toujours ici les mêmes passions, les mêmes intrigues. La clémence de l'empereur a sauvé plusieurs victimes. On espère encore que Georges et ses compagnons auront leur grâce, ce qui mettrait le comble à la gloire de S. M. Impériale.

« On a dit ici que Georges avait assommé un guichetier qui lui avait manqué ; cela n'est pas vrai. Il a écrit une lettre au général Murat pour lui demander la grâce de ses officiers et non la sienne ; le général lui a envoyé un de ses aides-de-camp pour savoir s'il ne demandait rien pour lui ; il a répondu que non. S'il est sauvé il le sera malgré lui-même. Au reste, on parle beaucoup plus de lui que de Moreau ; il est plus facile de le faire mourir que de ne pas l'admirer ; et je ne conçois pas comment des princes malheureux, des princes abandonnés par la fortune, abandonnés même par l'Europe, ont trouvé des serviteurs si dévoués et si fidèles. Telle est du moins l'idée que la conduite de Georges a dû inspirer à l'empereur. *On parle de mettre en jugement les conspirateurs d'Ettenhein ;* mais c'est pour remplir le magasin des grâces. Si j'étais S. M. I. j'aurais douze secrétaires qui ne seraient occupés qu'à rédiger des actes de clémence. Adieu, mon cher ami ; *nous sommes toujours fort tranquilles ici, et tout annonce que cette tranquillité ne sera pas troublée.* Écrivez-moi. Je vous embrasse tendrement. »

⸺⸺◆⸺⸺

## SECONDE LETTRE.

« Votre première lettre, mon cher ami, était une idylle ; la seconde est une dissertation savante. Vous m'avez écrit d'abord de la prairie ; vous m'écrivez maintenant de la bibliothèque. Je suis bien aise de vous voir ainsi varier vos plaisirs et mettre à profit les courts instans de cette vie, qui dépend de si peu de chose, et qui est si triste par le temps qui court.

» Vous vivez donc par-delà le fleuve d'oubli, et vous n'avez point de nouvelles. Nous sommes ici à-peu-près comme vous. Nous sommes trop-près du soleil pour voir quelque chose ; son éclat nous fait toujours baisser les yeux ; il faudrait être un aigle, et vous savez que nous ne sommes que de petits roitelets détrônés.

» On annonce que S. M. I. doit venir à Paris dimanche, pour y recevoir les ambassadeurs d'Autriche, de Prusse, d'Espagne. L'Europe connaît ses véritables intérêts. Les journaux vous ont appris l'exécution de Georges ; il est mort comme il a vécu ; il y a bien long-temps que la guillotine n'a eu l'honneur de trancher une aussi forte tête. Il a été regretté de tout le monde et même de l'empereur, qui n'a pu s'empêcher d'admirer son courage. Je ne l'ai jamais vu , comme vous savez, et je me le figure toujours un homme de vingt pieds de haut. Je soupçonne qu'on ne l'a fait mourir que parce qu'il n'y avait aucune prison assez grande pour le contenir, à moins qu'on n'eût converti le Panthéon en maison d'arrêt, ce qui n'était pas praticable.

» Moreau est parti pour les États-Unis ; le peuple dit qu'il y arrivera à la Toussaint. Du reste, on n'en parle guère ; les absens ont toujours tort. On va recevoir les maréchaux d'empire aux Invalides ; on y fait de grands préparatifs. On parle encore de deux ou trois conspirations à juger. La première est celle qu'on appelle la conspiration de Drake ; mais le tribunal spécial n'est pas encore investi de cette affaire. Vous ne me parlez point de votre retour, et *le plaisir que vous prenez à la contemplation de la belle nature, nous fait croire que vous resterez long-temps où vous êtes.* Donnez-nous des nouvelles des champs. Je vous embrasse tendrement. »

L'explication qui précède les lettres qu'on vient de lire, a fait voir dans quelles circonstances elles ont été écrites. M. Michaud n'avait assurément ni envie de rire, ni envie de faire de l'esprit. Tout le mérite de la première était dans ces mots : « Nous sommes toujours tranquilles ici, et tout annonce que » cette tranquillité ne sera pas troublée, » c'est-à-dire, soyez sans inquiétude ; les recherches de la police n'arrivent pas jusqu'à vous. L'objet de la seconde : « On parle encore de » deux ou trois conspirations à juger... Le plaisir que vous » prenez à la contemplation de la belle nature nous fait croire » que vous resterez long-temps où vous êtes. » Ce qui signifie : ne venez pas ; les affaires qu'on instruit pourraient quelquefois faire rencontrer votre nom.

Nous ne sommes pas tenus aujourd'hui à ces déguisemens. Chacun dit franchement, et trop franchement peut-être, ce qu'il pense. C'est ainsi, je le dis de nouveau, qu'a commencé la liberté sous Buonaparte; et la lettre de M. Pasquier prouve que cet état ne s'était pas amélioré sur la fin. Oui, depuis que Louis XVI a été privé de son autorité, depuis que les révolutionnaires se sont mêlés du gouvernement, toute liberté a été enlevée aux Français.

Le pire des états c'est l'état populaire.

Jamais plus grande vérité n'a été proclamée, et cependant c'est cet état qu'on cherche à nous rendre. Les imprudens qui veulent arriver au pouvoir à l'aide des acclamations de la multitude, devraient consulter un peu ce qui s'est passé; et sans aller fouiller loin dans nos annales, ils trouveraient dans les événemens de la révolution, quel sort est réservé à ces idoles du peuple. S'abuseraient-ils au point de croire qu'ils pourront opposer une digue au torrent? Non, une fois débordé, rien ne peut arrêter son cours. J'ai vu les Vergniaud, les Guadet, les Gensonné, les Ducos, les Boyer-Fonfrède; ces hommes brillans de jeunesse, doués de talens supérieurs, doux et aimables dans la société, je les ai vus aussi se persuadant qu'une fois les maîtres, il leur serait facile de contenir la multitude qui venait ( c'était en septembre 1792 ) de se livrer aux plus effroyables excès. Ils les déploraient avec tout ce qui restait d'honnête en France. Plus jeune qu'eux, sortant depuis dix-huit mois des bancs de l'école, j'osais à peine prendre la parole en présence de ces hommes dont chaque matin les journaux faisaient résonner les noms dans toute la France. Cependant comme je venais d'être témoin des scènes de carnage dont, quelques jours auparavant, Versailles avait donné le spectacle, je hasardai de combattre leurs idées. Voyez mes habits, disais-je, ils offrent encore des marques mal éteintes du sang de MM. de Brissac, Delessart et de l'évêque de Mende. En effet, cherchant à sauver un de mes cousins, conspirateur de vingt ans, je m'étais porté vers la charrette sur laquelle il se trouvait enchaîné avec ces hommes respectables qui reçurent, en ma présence, d'une femme Perrin et de son mari, les premiers coups. Leur sang réjaillit sur moi lorsque mon malheureux parent tomba lui-même à côté d'eux, au moment où j'allongeais le bras pour couvrir sa tête d'un bonnet de liberté qui lui eût peut-être servi de bouclier (1). Croyez-

---

(1) Cette idée de mettre un bonnet rouge sur la tete du jeune de la Bigne pour lui servir de talisman, me fut inspirée par ce que j'avais eu sous les yeux il y avait peu de jours. Obligé moi-même de fuir de la campagne que j'habitais, j'allai chercher un asile chez un curé constitutionnel qui avait été mon maître d'études ; dès qu'il me vit entrer, il manifesta les plus vives inquiétudes ; il me dit que sa commune était mauvaise, qu'il était très surveillé et qu'en me recevant il s'exposait à être arrêté par ses paroissiens. Je le priai de me donner un lit au moins pour la nuit, promettant de partir le lendemain de grand matin, ce que je fis. Il y avait dans ce village ( à 12 lieues de Versailles ) un peuplier planté sur la route dont on avait fait un arbre de liberté ; au haut de cet arbre était une pique surmontée d'un bonnet rouge, et on lisait ces vers sur un écriteau attaché à l'arbre :

Passant, lève les yeux, et vois à mon sommet
Comment la liberté par ce signe s'explique :
Ou les tyrans soumis porteront mon bonnet,
Ou les tyrans vaincus tomberont sous ma pique.

Mon curé était sans doute l'auteur de cette belle poésie, et n'en devint pas moins suspect. Il se maria, se fit huissier et mourut malheureux comme s'il avait été poète.

Le récit que nous a donné M. Lacretelle de ce qui se passa lors du massacre de ces prisonniers, est purement d'imagination ; cela est fâcheux quand on fait de l'histoire. Il prétend que trois des prisonniers échappèrent parce qu'ils avaient été laissés pour morts au milieu de leurs compagnons. Puis il ajoute : « Pendant la nuit des femmes pas- » sèrent à côté de ce lieu inondé de sang ; elles entendirent des sons » plaintifs ; elles eurent le courage de s'approcher, de relever ceux

vous, ajoutai-je, qu'il eût été difficile à la ville de Versailles d'empêcher ces atrocités? Non, si les seize cents hommes de gardes nationales qui, il y a quinze jours, se sont portées à Saint-Cloud pour arrêter *des aristocrates*, avaient pris les armes pour protéger ces prisonniers, aucun d'eux n'eût péri. On veut du sang; on ne veut ni de l'ordre, ni des lois. Ce sont ces effroyables scènes, me répondit le jeune Ducos, qui vont rallier tout le monde à nous. Ceux qui les ont provoquées, commandées, ont soulevé contre eux l'opinion générale; ils sont, vous le voyez, en horreur à toute la France. Hélas! non, lui dis-je, je ne vois pas cela. Le calme une fois rétabli, et il ne peut tarder à l'être, continua-t-il, s'ils ne portent pas la peine de leurs forfaits, ils en porteront la honte. Ce parti cannibale s'est détruit lui-même.

Il tenait ce langage de la meilleure foi du monde. Ces malheureux Girondins eurent le pouvoir en effet; mais combien peu et à quelles conditions ils en jouirent! L'histoire est

---

» qui respiraient encore, de les garder chez elles. » Voilà bien des détails; mais où M. Lacretelle a-t-il puisé toutes ces circonstances? Voici la vérité. Le massacre commença à deux heures après midi, ( le dimanche 9 septembre 1792, ) et une demi-heure après, les quarante-quatre victimes immolées n'existaient plus. Aussitôt l'on dépouilla les morts, qu'on jeta dans des charriots, et ils furent transportés au cimetière Saint-Louis; on brûla les vêtemens sur une place voisine, et à six heures du soir, la rue de l'Orangerie, près des Quatre Bornes, lieu du carnage, était entièrement nettoyée. Cinq des prisonniers purent sauter à bas des charrettes sur lesquelles ils étaient venus d'Orléans : ils se perdirent dans la foule, au milieu de l'horrible confusion qui existait, et se réfugièrent dans des maisons voisines ; mais leurs hôtes peu sensibles, ou craignant pour eux-mêmes, ne tardèrent pas à les dénoncer ; néanmoins ces malheureux vinrent à bout d'échapper aux assassins. M. de Loyauté, officier d'artillerie, et un officier du régiment de Cambresis, faisaient partie des cinq prisonniers qui se dérobèrent ainsi à leurs bourreaux.

là. Ils firent tout ce qu'ils purent sans doute ; mais il était trop tard. Hélas ! je n'ai pas parcouru une seule fois la rue Saint-Lazare, sans m'arrêter devant la maison où, guidé par mon seul instinct, je sus prévoir et annoncer tous les maux qui furent la suite de leurs faux calculs et de leur déplorable ambition. Faites tout pour le peuple et rien par le peuple est une maxime de la sagesse.

Nous n'en sommes pas là, diront des imprudens. Vous vous trompez, le branle est trop violemment donné pour que la machine s'arrête. Peut-on encore, de bonne foi se faire illusion ? Ce ne sont plus les amis du Roi et de l'ordre public qui fixent les opinions ; qu'on appelle à régler la société. Je ne répéterai pas ici ce que j'ai déjà dit là-dessus. Oui, nous en sommes là (1). Celui qui parle ici a, autant que qui que ce soit, l'expérience de la révolution. Mais écoute-t-on un homme qui

---

(1) On a mis dernièrement M. Mathieu Dumas sur la sellette au club électoral des Champs-Élysées. On ne le regardait pas, à ce qu'il paraît, comme assez patriote. Eh ! mon Dieu ! quel patriotisme faut-il donc avoir ? Je ne sais, en vérité, si l'on n'a pas été jusqu'à lui demander : *qu'as-tu fait pour être pendu ?* Une pareille question n'eût pas embarrassé M. Dumas ; il aurait pu répondre : citoyens, ce que j'ai fait ? vous allez voir ; attendez : C'est sur ma proposition, qu'au mois de décembre 1791, l'on a réuni précipitamment les membres du comité de législation, à l'effet de préparer le décret qui ordonne l'arrestation de M. de Malvoisin, colonel de dragons, de M. Gauthier, garde-du-corps, et de M. Marthe. Le rapport sur cette affaire fut fait séance tenante, grâce à ma vigilance, et bien en prit, car si l'on n'y avait pas mis cette activité, la poste, qui partait le lendemain pour Toul, aurait informé ces *aristocrates* des mesures qu'on délibérait contre eux, et ils se seraient enfuis. Ils furent conduits dans les prisons d'Orléans... Versailles peut vous dire le reste....

Quand on est assez heureux pour avoir de pareils traits à citer, l'on ferme aisément la bouche à ses ennemis. M. Dumas a su faire taire les siens, et il est député. Nous en sommes là.

n'a d'autorité que l'expérience ? Combien de bons esprits, en 1790 et 1791, ont prédit 1792 et 1793 (1) ! Dans une adresse envoyée à tous les souverains de l'Europe, à toutes les autorités et gardes nationales de France, traduite dans toutes les langues de l'Europe, l'assemblée législative cherchait aussi à rassurer les esprits; aucune convulsion, aucune violence n'étaient plus désormais à craindre. La France entrait dans l'âge d'or de la liberté véritable. « La nation française est libre, disait-elle, et ce qui
» est plus que d'être libre, elle a le sentiment de la liberté...
» En vain compterait-on sur ses *discordes intestines*, elle a
» passé le moment dangereux de réformation de ses lois poli-
» tiques; et trop sage pour devancer la leçon du temps, elle
» ne veut que maintenir sa *constitution* et la défendre. »

Peu de mois après, il n'y avait plus de constitution; que dis-je ? L'auteur même de ces phrases élégantes crut prudent de se munir de poison pour terminer ses jours, et les *discordes intestines* furent telles, qu'elles ne permirent pas à un ami chez lequel il s'était réfugié, de lui donner asile seulement pendant vingt-quatre heures; cet ami fut obligé de le congédier

---

(1) Voici une phrase d'un discours adressé par l'assemblée législative, à Louis XVI; séance du 15 décembre 1791.

Après avoir dit : « Au langage que V. M. lui a fait entendre, elle a
» reconnu *avec transport* le Roi des Français. »

Elle ajoute : « De puissants intérêts, de douces jouissances vous
» sont préparés. Du Rhin aux Pyrennées, des Alpes à l'Océan, tout
» sera couvert des regards d'*un bon Roi* et d'*hommes libres et fidèles*.
» Voilà, Sire, *votre famille*; *Voilà vos amis*; Ceux-là ne vous ont pas
» abandonné. »

Ces sentimens se mûrirent rapidement. Treize mois après, jour pour jour, ces hommes *libres et fidèles*, cette *famille*, ces *amis*, condamnèrent Louis XVI à mort. Voilà quelle douce jouissance lui était préparée. Hautes intelligences, vous faut-il d'autres leçons, des rapprochemens plus frappans ?

au milieu d'une nuit effroyable, de peur de se compromettre si l'on venait à découvrir qu'il avait reçu un tel hôte. Disons-le, les événemens ont une marche plus ou moins accélérée, mais certaine, qui peut échapper aux métaphysiciens comme aux hautes intelligences, mais qui échappe rarement au simple bon sens. Nous en sommes là. A la voix du *Constitutionnel* les masses se meuvent et agissent. Veuillez me donner un peu d'attention. La Cour royale de Paris a cherché bien loin ce qui a paru bien près à beaucoup de monde; cependant nous aimons à rendre hommage à la profonde sagesse des magistrats; mais, doués d'une instruction plus spéciale, attachés à des formes, ils ne sont pas touchés de rapprochemens qui mal vus, sans doute, ou vus dans un jour faux, nous paraissent décisifs. La procédure relative aux émeutes des 19 et 20 novembre ( 1827 ) a été immense. Voici ce qui aurait fixé principalement mes regards, si j'avais eu à m'occuper de cette affaire. *Le Constitutionnel* du 19 s'exprimait ainsi :

« Bien que la grande nouvelle de la journée ( les élections
» de Paris ) n'eût été généralement connue que fort tard
» dans la soirée, plusieurs maisons particulières ont été spon-
» tanément illuminées. *On croit que demain l'illumination*
» *sera complète.* Déjà elle l'était dans plusieurs quartiers. »
Cette annonce, comme je viens de le dire, parut le 19 au matin, conséquemment elle fut écrite le 18 au soir. Elle ne produisit point l'effet qu'on en attendait. Les Parisiens se montrèrent froids, et sur les sept à huit heures du soir, de la journée du 19, l'on ne remarquait que très peu de maisons illuminées. Voilà un démenti donné au journal libéral, démenti qui prouvait que la grande nouvelle ne réjouissait que très peu le commerce et point du tout les propriétaires. Vengeance donc !

. . . . . . *Et quisquam numen Junonis adoret*
*Prætcrea, aut supplex aris imponat honorem.*

Des bandes disposées par qui? Je ne suis pas dans le secret, mais des bandes nombreuses, formées dans plusieurs quartiers, parurent tout-à-coup le 19, assez tard, et jetèrent des pierres dans les fenêtres des boutiques et des maisons, criant : *Lampions! Lampions!* Aussi, pourquoi avait-on regardé en pitié l'ordre donné le matin par le *Constitutionnel?* On sait le reste. Ce ne fut pas apparemment la police qui nous ordonna de nous réjouir. Pour mon compte, je n'en étais pas tenté. Toutes les fois que j'entends le *Constitutionnel* pousser des cris de joie, je me mets à pleurer sans autre raison.

Je soumets ces observations à ceux qui n'ont pas pris le parti de ne rien entendre, de ne rien écouter, à ceux qui ne répètent pas machinalement les cris des ambitieux. Je crois qu'il y a là, certes, de quoi réfléchir.

Les ambitieux qui provoquent ces scènes désolantes, qui appellent *massacres* l'emploi de la force-armée qui protége les citoyens paisibles, croient-ils qu'il n'y a pas, derrière eux, d'autres hommes qui ne leur laisseraient pas le pouvoir sans dispute?

Remettez-le dans leurs mains; qu'à l'exemple de Louis XVI, qui confia son autorité aux Roland, Servan, Lebrun, Clavière, Charles X appelle dans son conseil les Jay, les Tissot, les Châteaubriand, les Fiévée, les Etienne, tous patriotes qui marchent aujourd'hui d'accord : d'un bout de la France à l'autre, les anciens bonnets rouges crieront *hosanna.* Mais d'autres se prononcent déjà; ces nouveaux ministres sont, avant de l'être, *débordés* en ce moment, par des individus à qui les clubs électoraux ont donné de la célébrité; ils traiteraient ces apprentis girondins, comme Danton et Robespierre traitèrent les premiers. D'un autre côté, la division se mettrait bientôt dans ce conseil libéral. Les *Débats* et le *Constitutionnel*, qui s'embrassent aujourd'hui, ne tarderaient pas à s'entre-déchirer. M. de Châteaubriand voudrait la première place, il n'est pas d'un caractère à se contenter de la seconde; elle ne lui serait pas disputée sans doute par M. Fiévée, vieil initié d'une congrégation, *in quâ nemo nascitur*; ni par M. Etienne, caractère léger, sorte de *créme fouettée*; mais M. Jay est un homme de *résolution*, et M. Tissot un homme de *tête*, et les choses n'iraient pas toutes seules avec de tels associés. M. de Châteaubriand trouverait peut-être qu'il a eu affaire autrefois à des collègues plus commodes, que sa triste faconde et son orgueil blessé n'en poursuivent pas moins tous les jours encore à toute outrance.

A l'appui de ce que je viens de dire sur nos progrès révolutionnaires, je citerai un fait récent dont j'ai été témoin. Dans les 10 ou 12 premiers jours de février, j'étais à Paris; me trouvant, vers neuf à dix heures du matin, rue de Richelieu, à peu de distance de celle des Petits-Champs, je vis un ouvrier, assez proprement vêtu, qui avait été couvert de boue par un brillant équipage, qui brûlait le pavé et se dirigeait du côté du Théâtre-Français. Ce pauvre éclaboussé, tout en colère, criait à tue-tête : *B.... de jésuite! S..... jésuite!* Un jeune homme, appartenant à la secte libérale, à ce que je compris par ses paroles, et qui me parut un employé, chercha, avant de se placer sur le *canapé* des décroteurs du passage Beaujolais, à consoler le malheureux qui venait de voir gâter sa plus belle toilette. Ce n'est pas un jésuite, disait-il, c'est M. Casimir Perrier. Perrier tant qu'il vous plaira, reprit l'autre, tous ces hommes à beaux carrosses sont des jésuites, je les connais bien, moi, je ne m'y laisse pas prendre. Mais, patience, ils auront leur tour comme d'autres. Nous ne serons jamais heureux tant qu'il y aura de ces jésuites-là, et Paris en est plein. Le jeune employé eut beau pérorer, l'homme au carrosse demeura jésuite dans l'esprit de l'éclaboussé.

Personne ne croit aujourd'hui qu'on a fait, en 1789, une révolution pour brûler d'innocens parchemins des 12e et 13e. siècles. C'était aux châteaux, aux grands domaines, à la magnificence de la cour qu'on en voulait. Qui jouit à présent de ces richesses et de cet éclat? Ce sont ceux-là qui à la fin deviendront l'objet des attaques de la multitude; c'est vers eux que cette multitude qu'on exalte portera l'énergie de ses effrayantes passions. Grands du jour! illustres seigneurs châtelains! vous paierez les maux que vous provoquez avec tant de légèreté. Les bouleversemens, fruits de vos doctrines insensées; vous en serez les premières victimes, comme l'ont été dans le principe ceux dont vous suivez les traces. Vos désirs de domination vous aveuglent; vous ne faites aucun état des leçons de l'expérience. Que de livres pourtant pourraient aujourd'hui vous ouvrir les yeux, si vous n'avez rien vu par vous-même; mais :

*Ora, dei jussu non unquam credita Teucris.*

P. S. Une lettre insérée dans la *Quotidienne*, du 13 juin 1828, fortifie nos réflexions et développe un fait que nous n'avons fait qu'indiquer. Nous la donnons ici.

## A M. le Rédacteur de la Quotidienne,

Au château de Charmes, près Lafère, le 8 juin 1828.

Quelle situation est la nôtre! nous ne lisons, depuis quelque temps surtout, les séances de la chambre des députés qu'avec un sentiment que je ne puis rendre. Chaque jour des voix nombreuses demandent des proscriptions; on n'entame qu'en frémissant la lecture des discours des Dupin, des Etienne, des Constant; ils appellent le malheur sur des hommes qui ne répondent à leurs calomnies que par le silence. Il y a quinze jours (1) après une réplique de M. le comte Alexis de Noailles, on entendit des voix de la gauche s'écrier : *Renvoyez les jésuites et tout sera fini.* Au mois de septembre 1792, j'entendis à Versailles crier aussi autour des charrettes des prisonniers d'Orléans : *Livrez-nous Brissac et Delessart, nous vous laisserons emme-*

_____

(1) Séance du 21 mai.

*ner les autres* (1). Les hommes de septembre et les libéraux ont-ils donc le même langage ? Bientôt MM. de Brissac et Delessart furent massacrés. Mais à quelques pas plus loin tous les autres périrent également. Notre position s'aggrave de plus en plus : l'effroi gagne tous les cœurs. Qui nous sauvera ? Ministres du Roi, répondez d'une voix forte, d'une voix qui retentisse d'une extrêmité du royaume à l'autre : « Vous n'aurez ni Brissac, ni Delessart ; c'est en vain que vous viendrez demander des proscriptions, vous n'en obtiendrez point tant qu'il y aura un Bourbon en France et que ce Bourbon ne sera pas dans les fers. » Ministres du Roi, majors-généraux de sa garde, mourez, s'il le faut, comme Delessart et Brissac. Leur mort fut douloureuse, elle ne fut pas pénible, croyez-moi, croyez-en un témoin oculaire qui fut couvert de leur sang, et qui reçut, en quelque sorte, leurs derniers soupirs. Hélas ! qui mieux que moi peut l'attester ? J'étais près de la charrette sur laquelle on les avait enchaînés avec l'évêque de Mende et un jeune parent que je cherchais à sauver, et qui périt lui-même au moment où j'essayais de le dégager de ses liens et de l'entraîner dans mes bras. Je pus voir l'expression angélique, les traits pour ainsi dire célestes, que prit tout-à-coup la figure de ces victimes montant au ciel. Nul peintre ne pourrait rendre cette subite métamorphose de l'humanité à l'état de bienheureux. Si, depuis cette horrible époque, j'entends nuit et jour ces cris affreux : *Livrez-nous Brissac et Delessart*, je vois aussi l'auréole de gloire, dont, comme par miracle, ces martyrs furent entourés. Ministres du Roi, majors-généraux de sa garde, ne craignez point le sort de Delessart et de Brissac, ils firent leur devoir ; leurs assassins sont seuls à plaindre.

Baron DE MARGUERIT, *chevalier de St.-Louis,*
*membre du grand collége du département de*
*l'Aisne.*

---

(1) M. Delessart avait été ministre, et M. le duc de Brissac commandant en chef de la garde de Louis XVI.

Nous relevons cette feuille de dessous presse, pour donner sur la cause des jésuites l'opinion d'un journal qui n'est pas suspect de faveur. *Le Globe*, journal éminemment libéral, s'exprime ainsi :

« Ce ne sont pas, dit-il, les ordonnances abolies des rois absolus, impraticables sous le régime de la Charte; ce ne sont pas des arrêts parlementaires inapplicables à des hommes nouveaux, qui ne sont pas les coupables d'autrefois; ce n'est pas l'odieuse intolérance de Bossuet qu'il faut appeler à notre secours.

» Les jésuites considérés comme individus, nous l'avons prouvé mille fois, et même on ne nous le conteste plus, sont libres de leur croyance. Aucune puissance humaine ne peut d'ailleurs les atteindre. Considérés comme congrégation religieuse; ils sont libres encore, pourvu qu'ils ne réclameut point les bénéfices des corporations, bénéfices qui ne peuvent être concédés que par une loi. Considérés comme professeurs de mauvaises doctrines, comme affiliés à un souverain étranger, il faut pour les poursuivre des délits, et non pas des délits anciens; il faut une enquête, un procès nouveau, où la preuve des délits soit administrée, les individus personnellement coupables, cités, etc. Tout l'attirail des arrêts parlementaires n'est de rien ici; il n'y a plus identité de personnages, et quant à l'identité des doctrines, elle est niable : il faut de nouveau mettre les doctrines en cause; et pourvu qu'il n'y ait pas provocation directe à la révolte, à la destruction de l'ordre établi, ou atteinte aux mœurs; les doctrines du jésuitisme ne peuvent pas plus être condamnés, que les systèmes d'Helvétius et de Spinosa, de Cabanis et des physiologistes modernes, du Socinien ou du déiste pur. Enfin considérés comme ministres de la religion catholique, les jésuites, s'ils ne reçoivent pas de traitement, sont parfaitement indépendans du gouvernement. S'ils sont salariés comme les autres prêtres, ils abdiquent en effet quelques droits, et se soumettent à quelque inquisition de doctrines...

» On ne nous contestera pas non plus qu'il n'y a point de

peines à infliger à une secte assez habile, assez souple, pour se faire des prosélites nombreux, pour séduire le pouvoir, envahir les places et la direction de l'esprit public. C'est la prétention et le but de toute croyance sincère; la seule iniquité des moyens en fait l'odieux, s'ils sont criminels, il faut les surprendre et les punir; si c'est faiblesse ou inhabileté dans le gouvernement, cela n'est rien à la charge des sectaires. »

Tel est le langage d'un ennemi des jésuites. Mais l'ouvrage d'où nous tirons ces paroles, est rédigé par des hommes de talent, qui n'ont pas fait un divorce absolu avec la raison humaine. Les hommes de talent, pour l'ordinaire, ne sont pas absurdes, même dans les matières qu'ils discutent par esprit d'opposition. Il ne s'agit donc plus des lois du royaume; aucun homme sensé ne prononce aujourd'hui ce mot; c'est une expression abandonnée aux frères *Coupechoux* du parti. Les lois du royaume sont désintéressées dans la question. Anéantir des prêtres, arracher de leurs chaires des professeurs qui forment de vrais chrétiens, de fidèles serviteurs du Roi; tout se réduit là. Ce n'est plus une question de politique, c'est une question de parti. Cette franchise a quelque chose qui plaît. L'on sait du moins à quoi s'en tenir.

9 782012 398467